Unseren Eltern

Der Prinz der Sterne

Einer, der anders dachte.

Gedanken zu Saint-Exupéry:

Der Kleine Prinz

Rudolf Plott

Impressum:
© 2013 Rudolf Plott

Autor: Rudolf Plott
Umschlaggestaltung, Illustration: Michael Milward;
Foto: © Maroc Desert by Gaellie
Lektorat und Satz: Angelika Fleckenstein

Verlag: tredition GmbH, Hamburg

ISBN: 978-3-8495-7236-5

Printed in Germany

Bibliografische Information der Deutschen Nationalbibliothek:
Die Deutsche Nationalbibliothek verzeichnet diese Publikation in der
Deutschen Nationalbibliografie; detaillierte bibliografische Daten sind
im Internet über http://dnb.d-nb.de abrufbar.

Inhaltsverzeichnis

Ein Wort zu Beginn

Hoshi no Ojisama - Prinz der Sterne heißt *Der Kleine Prinz* auf Japanisch.

Der Kleine Prinz ist in über 200 Sprachen und Dialekte übersetzt worden. Menschen auf allen Kontinenten, Menschen verschiedener Rassen und Religionen, Junge und Alte, Männer und Frauen lesen dieses Buch, und ich glaube, dass sie es gern tun.

Warum eigentlich?

Der Kleine Prinz liest sich wie ein Märchen. Aber Saint-Exupéry dichtete es nicht nur für Kinder. Er dachte dabei besonders an die Erwachsenen, denen er etwas zu sagen hatte. Seit vielen Jahren lese ich den *Kleinen Prinzen* mit Studenten und *großen Leuten*, die ihre Studien schon lange hinter sich gebracht haben. Während unserer Gespräche über die Weisheit des Fenek, die Worte der Schlange oder was die Wüstenblume von den wurzellosen Menschen hält, rollen auch schon mal Tränen der Freude oder Tränen über die eigenen Unzulänglichkeiten im Alltag die Wangen herunter. So einfach die Episoden auch sind, bei jedem Lesen entdecken wir etwas, was wir vergessen haben oder was uns eingefahrene Gewohnheiten anders sehen lässt.

Warum berührt uns dieses Märchen vom Prinzen der Sterne auch noch als Erwachsene, während wir die meisten Märchen, die wir als

Kinder gehört oder gelesen haben, mit unseren Kinderkleidern längst weggelegt und vergessen haben?

Saint-Exupéry hat natürlich auch an Kinder gedacht, als er das Märchen vom Prinzen der Sterne schrieb. Er hat es seinem besten Freund, Leon Werth, gewidmet jedoch mit dem Zusatz: *als er noch ein Junge war.*

Ich habe dieses letzte Werk Saint-Exupérys nie nur als Märchen, sondern immer auch als sein geistiges Vermächtnis gelesen. Sein Wunsch war es, die *Menschenwüste*, die sich die *großen Leute* geschaffen haben, mit neuem Leben zu erfüllen. Er schrieb jedoch keinen philosophischen oder theologischen Traktat, um das zu sagen, was er glaubte sagen zu müssen, sondern wählte die Form, die wir Märchen nennen. Er hatte erkannt, dass die *Menschenwüste* ihre Ursache nicht im (Un)verstand der Menschen hat, sondern in ihren Herzen. *Zweihundert Millionen Menschen in Europa haben keinen Sinn in ihrem Leben und wollen geboren werden. ... Es gibt allzu viele, die in das Räderwerk der Berufe geschmiedet sind, denen alle Freuden des Bahnbrechers, des Gläubigen, des Wissenden versagt sind. Man meinte, es genüge sie zu bekleiden, zu nähren und sonstige Bedürfnisse zu befriedigen, um sie groß zu machen. ... Man hat auf diese Weise nur ... den Maschinenmenschen großgezogen. Man bildet sie aus, statt sie zu unterrichten. Eine armselige Auffassung der Kultur greift um sich. ... Man kann die Deutschen trunken machen mit dem Stolz, Volksgenossen Beethovens zu sein. ... Aber das sind fleischfressende Götter. ...*

Wir können nur dann in Frieden leben und in Frieden sterben, wenn wir uns unserer Rolle ganz bewusst werden und sei diese auch noch so unbedeutend und unausgesprochen. Das allein macht glücklich. Was aber dem Leben Sinn verleiht, gibt auch dem Tod Sinn, schrieb Saint-Exupéry in *Wind, Sand und Sterne.* (dtv Bd.1; S. 332f)

Zu viele Menschen haben für ihre Lebens-gestaltung Werte gewählt, die sie ihre geistigen Fähigkeiten vergessen lassen. Aber mit Ideologien kann man die *Menschenwüste* nicht in eine Oase verwandeln. Das können nur solche Werte, die auch das Herz begreift.

In seinem Erstlingswerk, *Südkurier,* lässt Saint-Exupéry Bernis von einem Prediger erzählen, der ihm hoffnungslos erscheint, weil er nicht danach schrie, dass ihm ein Zeichen gewährt würde, und weil er kein Zeichen offenbar machte. Nur ein kurzer Satz in der langen Predigt lässt Bernis aufhorchen. Wie ein Leitsatz kehrt es immer wieder: Menschlichkeit geben. Auch den Liebenden wiederholt er einen Satz, in dem dieses Wort vorkommt: *Kommt zu mir, ihr Liebenden von heutzutage, ich werde eurer trockenen, verzweifelten und grausamen Liebe Menschlichkeit geben.* (dtv Bd.1; S. 63)

Saint-Exupéry sagte einmal, dass er nur deshalb schrieb, weil er den Menschen etwas sagen muss, was in ihren Herzen wieder die Freude zu leben wecken soll. Darum schenkte er uns dieses Märchen. Er vertraute darauf, dass auch die *großen Leute* ihn verstehen werden, weil alle einmal Kinder waren.

Im *Brief an einen General* schreibt er: *...doch falls ich lebendig heimkehre von diesem notwendigen und undankbaren Job (des Krieges), dann wird sich für mich nur ein Problem stellen: was kann man, was soll man den Menschen sagen? ... Wie kann man den Menschen eine geistige Bedeutung, eine geistige Unruhe wiedergeben; etwas auf sie hernieder tauen lassen, was einem Gregorianischen Gesang gleicht. ... Man kann nicht mehr leben ohne Poesie, ohne Farbe, ohne Liebe. ... es gilt wieder zu entdecken, dass es ein Leben des Geistes gibt, das noch höher steht als das Leben der Vernunft und das allein den Menschen zu befriedigen vermag. ... (Der Mensch stirbt) den man mit Konfektionskultur, mit Standardkultur versorgt so wie man das Rindvieh mit Heu versorgt. ... Ich hasse meine Epoche aus ganzem Herzen. Der Mensch stirbt in ihr vor Durst.* (dtv Bd. 3; S. 225 f)

In diesem Buch möchte ich auch Yasunari Kunimotos Gedanken wiedergeben, die er mir zu dem Märchen vom kleinen Prinzen gesagt hat. Yasunari war Sohn einer buddhistischen Familie. Er studierte an der Universität Yamaguchi Germanistik und wohnte mit dreizehn Kommilitonen in unserem Wohnheim. Nach seinem ersten Studienjahr ist er erblindet. Erst zwei

Jahre später stand er mit seinem weißen Stock wieder vor mir und fragte mich, ob noch ein Zimmer für ihn im Wohnheim frei wäre. Er brauche noch Hilfe. Nicht nur für sein Studium, sondern auch für vieles im täglichen Leben, worum er die Heimmutter bitten wollte. Wir freuten uns alle, als er einzog.

Yasunari hat mir oft aus seinem Leben erzählt. Wir sprachen auch über den *Kleinen Prinzen.* Yasunari hatte das Buch zum ersten Mal als Kind gelesen und erinnerte sich noch an die lustigen Illustrationen darin. Jetzt, als Student, nahm er es in einem unserer Lesekreise zum zweiten Mal in die Hand, hörte es mit uns und spürte, dass es ein besonderes Märchen ist.

Die Weisheit des Wüstenfuchses half auch Yasunari, sein Leben neu zu überdenken. Denn bei einer Reihenuntersuchung am Semesteranfang hatten die Ärzte entdeckt, dass Yasunari an Leukämie erkrankt war.

Yasunari wurde 27 Jahre alt. Er starb morgens, kurz nach 7 Uhr – am 6. August, dem Gedenktag des Atombombenabwurfs auf Hiroshima.

Als seine Mutter, einige seiner Freunde und ich zu einem kurzen Gebet an Yasunaris Sarg standen, schien er friedlich zu schlafen. Die Atemnot und die Schmerzen der letzten Stunden seines Lebens hatten auf seinem Gesicht keine Spuren hinterlassen.

... seine halbgeöffneten Lippen deuteten ein Lächeln an.

Yasunari *war nach Hause heimgekehrt*.

Kinder und große Leute

Widmungen sind meist nicht die Sätze, mit denen wir ein berühmtes Buch zu lesen anfangen. Saint-Exupéry hat seinem Buch eine Widmung vorangestellt, die für den Leser wichtig ist. Er hat sein letztes Werk seinem besten Freund, dem Journalisten Leon Werth (1873-1955) gewidmet, der sich irgendwo in Frankreich verborgen hielt, hungerte und fror und dringend einen Trost brauchte. Leon Werth war Jude, und Frankreich war seit November 1942 von deutschen Truppen besetzt. Briefe, die Saint-Exupéry an seinen Freund schrieb, erreichten ihn nicht. So hoffte er, dass die Briefzensur der Besatzungsmächte sein Märchen passieren lassen würde und er so dem Freund Trost schenken könnte; denn dass Leon alles verstand, sogar Bücher für Kinder, das wusste er. [1]

Wir bilden uns ein, dass Märchen uns nichts zu sagen haben. Der Pilot, der uns seine Erinnerung an den kleinen Prinzen erzählt, scheint jedoch anderer Ansicht zu sein. Er hätte die Geschichte lieber wie ein Märchen begonnen, sagt er, weil er nicht möchte, dass man seine Erinnerung leicht nimmt. Mit dem kleinen Wörtchen man meint er die *großen*

Leute, uns; denn den Kindern traut er zu, dass sie sein Anliegen verstehen.

Der Erzähler hält es mit einem anderen Menschenkenner: Fjodor Dostojewski, der in seinem Roman *Der Idiot* die Kinder vor den *großen Leuten* in Schutz nimmt.

Fürst Myschkin berichtet über seinen Aufenthalt in der Schweiz und er erzählt von seiner Begegnung mit Kindern. Was er gesehen und gehört hat, machte ihn traurig. Er beklagt, dass die *großen Leute* die Kinder nicht verstehen. Sogar Eltern verstehen ihre Kinder nicht.[2] Manchmal befürchten sie, dass es zu früh ist, mit Kindern über Fragen der *großen Leute* zu sprechen. Oder ihr Verstand rät ihnen, dass man vor Kindern gewisse Dinge verheimlichen muss. Für den Fürsten Myschkin ist diese Art zu denken sehr bedauerlich. Die *großen Leute* wissen nicht, dass Kinder ihnen auch auf schwierige Fragen erstaunlich weise Antworten geben können. Leider nimmt niemand der Zuhörer den Bericht des Fürsten ernst. Er gilt ihnen halt als Idiot.

Saint-Exupéry sieht in seinem Märchen die *großen Leute* anders als sie selbst sich sehen. Mit ihren Gewohnheiten und Ansichten sind sie manchmal sehr seltsam, entschieden sehr verwunderlich und ganz ungewöhnlich, fasst der kleine Prinz die Eindrücke seiner Begegnungen mit den Planetenbewohnern zusammen, aber er kritisiert sie nicht.

Den Kindern rät der Erzähler, mit *großen Leuten* viel Nachsicht zu haben.

Eine ihrer Schwächen ist ihre Vorliebe für Zahlen. Wenn sie die Nummer des Asteroiden wissen, von dem der kleine Prinz vielleicht gekommen ist, dann sind sie sicher, dass sie ihn kennen. Den Kindern beweist die Nummer des Planeten gar nichts. Dass der kleine Prinz lacht und ein Schaf haben will, das ist wichtig. Die *großen Leute* freilich werden über eine solche kindliche Ansicht nur mit den Achseln zucken und sagen: Na ja, du bist halt noch ein Kind.

Kinder sehen die Welt anders als wir. Sie staunen und wundern sich und sind begeistert, wenn sie etwas Neues erblicken. Die Zeichnungen der Boa, die einen Elefanten verschlungen hat, beschreiben für den Sechsjährigen ein gewaltiges Drama. Aber die *großen Leute* sind blind dafür. Sie sehen nichts als einen Hut und lachen den kleinen Maler aus. *So kam es, dass ich eine großartige Laufbahn, die eines Malers nämlich, bereits im Alter von sechs Jahren aufgab.*

Antoines Mutter musste dem Drängen der Verwandten nachgeben und ihr Kind in das strenge Jesuitenkolleg in Le Mans schicken, damit er etwas für das Leben lerne, und sich den Traditionen der Familie Saint-Exupéry würdig erweise. Antoine hat von diesem Tag an die Jahre seiner Kindheit im Kolleg durchlitten. Seine Lehrer haben vieles von dem zerstört, was er und seine Geschwister von ihrer Mutter gelernt hatten.

Noch Jahre später erinnert sich Saint-Exupéry an die leidvolle Schulzeit im Kolleg. Im Übungslager Avord, wo er als Leutnant der Reserve an einer militärischen Übung teilnahm, schreibt er seiner Mutter im Oktober 1922: *Du bist das Beste, was ich im Leben habe. Ich habe heute Abend Heimweh wie ein kleiner Junge. … Mir ist wahrhaftig zum Heulen heute Abend. Du bist der einzige Trost, wenn man traurig ist. Als ich ein kleiner Junge war, kam ich mit meinem dicken Ranzen auf dem Rücken nach Hause, schluchzend, weil ich bestraft worden war – Du erinnerst Dich doch an Le Mans; und nur durch einen Kuss von Dir war alles vergessen. Du warst ein allmächtiger Schutz gegen die Aufpasser und den Pater Präfekten. Man fühlte sich geborgen in Deinem Hause, man hörte nur; wie gut das war. Nun, jetzt ist das ebenso, Du bist meine Zuflucht, Du weißt alles, Du lässt alles vergessen, und ob man will oder nicht, man fühlt sich als ganz kleiner Junge.* (dtv Bd.3; S. 493)

Antoine lernte fliegen und machte das Cockpit zu seiner Dichterklause. Was er in der Schule gelernt hatte, versank in Vergessenheit. Nur einmal sagt er – sicher schmunzelnd - dass ihm die Schulgeographie in seinem Fliegerberuf *wirklich gute Dienste geleistet hat. Ich konnte auf den ersten Blick China von Arizona unterscheiden. Das ist sehr praktisch, wenn man sich in der Nacht verirrt hat.* (S. 10)

In seiner Reportage über Spanien beschreibt Saint-Exupéry was für ihn *Menschenwüste* bedeutet. Den Spanischen Bürgerkrieg nennt er eine Krankheit. *Es gibt keine Ehrfurcht vor den Menschen mehr. ... ich denke daran, wie bei uns dem Tode Achtung erwiesen wird. Und ich denke an das weiße Sanatorium, in dem das junge Mädchen sanft inmitten seiner Lieben erlischt, die sein letztes Lächeln, seine letzten Worte wie einen unschätzbaren Schatz empfangen. ...*

Hier (im Bürgerkrieg) wird der Mensch lediglich an eine Wand gepresst, damit er seine Eingeweide auf Steinen loswird. Man hat dich eben erwischt. Man hat dich erschossen. Du dachtest nicht so wie unsereins.

Saint-Exupéry berichtet von dem Einsturz eines Bergwerks, bei dem ein Bergmann verschüttet wurde. *Zehn Kameraden werden vielleicht bei ihrer Rettungsaktion umkommen; welch schlechte Kalkulation des zu erwartenden Nutzens, ... Doch es geht nicht darum, eine Termite unter den Termiten des Termitenhaufens zu retten, sondern ein Gewissen, ein Reich, dessen Bedeutung sich nicht abschätzen lässt. ... Wir aber sind keine Termiten. Wir sind Menschen. Für uns zählen nicht die Gesetze der Zahl und des Raumes. ... Das Reich des Menschen lässt sich nicht vermessen.*

Den Maßstab, mit dem der Krieg den Wert des Menschen misst, lehnt er ab. Man sagt, es gehe nicht darum, ob einer stirbt oder viele, es geht um die ganze Bevölkerung. *Ein einziger Bergmann ist es vielleicht wert, dass tausend sterben. Wenn es um Menschen geht, vermag ich nicht mehr, diese abscheuliche Arithmetik anzuwenden. Die Menschen haben keine Achtung mehr voreinander. ... Man erschießt hier, so wie man Wälder abholzt.* Für Saint-Exupéry beruht die Größe des Menschen nicht auf der Gattung. Jeder einzelne ist ein Reich. (dtv; S. 74 f)

In seinem Märchen hat er seine grausame Erfahrung aus dem Bürgerkrieg nicht wiederholen müssen. Jeder konnte das Unmenschliche des Krieges selbst erleben. Es war wieder Krieg in Europa. Aber dass Zahlen nicht das ausdrücken, was für uns Menschen wesentlich ist, das wollte er den Menschen ins Gedächtnis rufen. Was das Wesen des Menschen ausmacht, lässt sich nicht in Zahlen ausdrücken. In seinem *Notizbuch (Carnets)* finden wir Sätze, die Saint-Exupéry sich notierte, weil er über sie nachdenken wollte. Einer dieser Sätze deutet an, wie er über die Zahlen denkt, die vielen *großen Leuten* so wichtig sind. Er schreibt: *Ich vermag den Menschen weder zu wägen noch zu messen.* Er hält es für einen Irrtum, wenn jemand meint, den Menschen zu kennen, weil er sein Gewicht oder seine Größe oder seine Kontonummer kennt. (dtv Bd.3; S. 241)

Den Zahlenaberglauben der großen Leute kritisiert der Erzähler nicht. Aber Kinder und die *großen Leute*, die sich noch daran erinnern, dass sie einmal Kinder gewesen sind, bestärkt er in ihrer Meinung über die Zahlen: *(Sie) machen sich nur lustig über die albernen Zahlen.* (S. 20) Sie wissen, dass

Zahlen die schönsten Dinge nicht ausdrücken können, zum Beispiel die Schönheit der Natur.

Kinder erleben sie wie ein großes Geschenk und freuen sich daran. Für viele *große Leute* freilich bedeutet die Schönheit der Natur etwas ganz anderes. Woran sie zuerst denken, wenn sie sich die Zeit nehmen, die Natur zu betrachten, sind die Bodenschätze oder das Holz der Wälder, die sie für ihre Wirtschaftspläne ausbeuten können. Das können sie dann fein säuberlich in ihre Statistiken eintragen.

Der Pilot meint noch, dass man sich über die albernen Zahlen nur lustig machen kann. Für uns ist seine Meinung kaum noch wahr. Zahlen bedeuten in der heutigen Welt meistens Geld und damit Macht. Doch Geld kann nicht der Maßstab für alles sein, was uns etwas bedeutet, was wesentlich zum Menschen gehört. Zahlen können nicht ausdrücken, was die Liebe der Mutter bedeutet, die sich tage- und nächtelang um ihr krankes Kind sorgt. Wir kämen nicht weit, wenn wir in Zahlen beschreiben sollten, wie viel Lebensmut viele Menschen den Kranken und Alten schenken, wenn sie ihnen ihre Zeit schenken, selbst unter Gefahr für die eigene Gesundheit. Wir sollten nicht vergessen, dass wir *füreinander Mensch* sein können. Unsere geistigen Werte sollten wir nicht durch Gold zu ersetzen versuchen. Denn das ist es auch, was unsere Menschenwelt in eine *Menschenwüste* verwandelt.

Freilich legen nicht *alle großen Leute* einen Zahlenmaßstab an alles an. Ich habe das einmal sehr eindrucksvoll erlebt.

Es war bei einer Teezeremonie, zu der ein Meister aus Kyoto eingeladen hatte. Ich wusste, dass bei solch einer Zeremonie alte, sehr wertvolle Teeschalen gezeigt und gebraucht werden. Als der Meister am Anfang der Zeremonie die Teeschale noch einmal von einem unsichtbaren Körnchen Staub reinigte, hörte ich neben mir einen Gast flüstern: Die ist sicher sehr teuer. Die Nachbarin flüsterte zurück: Sie kostet sicher mehr als eine halbe Million Yen. Und schauen Sie sich die Lackarbeit an dem Teebehälter (Natsume) an. Ich möchte wissen, was der kostet. Plötzlich geschah etwas, womit keiner von uns gerechnet hatte: Der Meister unterbrach den Fluss der Zeremonie und sagte mit sehr lauter Stimme: Wenn Sie es noch nicht gemerkt haben: wir sind im Teezimmer und ich bereite eine Schale Tee für Sie. Sie aber schnattern über Preise. Ist für Sie der Preis der Schale wichtiger als der Tee den ich für Sie bereite? Denken Sie darüber nach, warum Sie hier sind. Der Weg des Tees ist ein Weg des Herzens. Die Stille gehört wesentlich zum Weg des Tees dazu.

Nach diesen Worten war es still im Teezimmer und ich glaube, wir waren alle sehr beeindruckt und dankbar.

Neben dem Zahlenaberglauben beschreibt der Pilot noch eine andere Schwäche der *großen Leute*:

Sie beurteilen Menschen meistens nach ihrem Äußeren, so wie es der türkische Astronom bei seinem Vortrag auf dem internationalen Kongress erfahren hat. In der alten Erzählung *Des Kaisers neue Kleider* jubeln die *großen Leute* dem Kaiser in seinem neuen Ornat zu, bis ein Kind ihnen zuruft: der Kaiser ist ja nackt.

Wir lächeln über diese Übertreibung. Aber Schein und Sein unterscheiden manche *großen Leute* schon sehr lange nicht mehr. Oft sind nicht Ehrlichkeit und Verantwortung im Alltag des (Berufs)lebens Werte, die unser Tun leiten sollten, sondern Ansehen und Macht dirigieren uns, manchmal gegen alle Vernunft und trotz Leid und Elend, das wir über andere Menschen bringen. Die Brutalität von Kriegen, die Völker oder Stämme gegeneinander bis zur Vernichtung des vermeintlichen Feindes führen, haben wir in Syrien vor Augen. Das unterscheidet sich nicht von dem Krieg, den Saint-Exupéry in Spanien erlebt hat.

In Japan nehmen gewissenhafte und ehrliche Menschen Werte sehr wichtig, die im Grunde gar nicht so entscheidend sind, sagte mir Yasunari. *Auf den Visitenkarten stehen neben dem Namen auch die Abteilung und die Position, die eine Person in der Firma innehat. Für viele Männer scheint gerade das, was neben ihrem Namen steht, lebenswichtig zu sein. Wenn nur der Name auf der Visitenkarte steht, bilden sie sich ein, dass ihr Leben keinen Sinn mehr hat.*

Der kleine Prinz würde auch über diese *großen Leute* auf unserer Erde sagen, wie wunderlich, sehr verwunderlich, wie ganz ungewöhnlich sie sind.

Begegnung in der Wüste

Als der kleine Prinz das *Ding*, auf das der Pilot so stolz ist, im Wüstensand stecken sieht und gesagt bekommt, dass man damit fliegen kann, lacht er nur. Auch wenn der Pilot sich darüber ärgert, für den Prinzen der Sterne ist dieses Meisterstück der Technik nicht mehr als ein komisches Ding.

Dem Piloten ist nicht zum Lachen zu Mute. Für ihn ist diese Panne der Technik ein Problem. Es geht um sein Leben. Er hat nichts und niemanden um sich als die endlose Wüste. Sein Flugzeug muss er allein reparieren und das, solange sein Trinkwasser reicht. Er ist Realist. Erinnerungen an einen Fuchs, von dem der kleine Prinz ihm etwas erzählen möchte, oder seine Idee, *auf gut Glück in der Endlosigkeit der Wüste einen Brunnen zu suchen*, hält er für unsinnig.

Warum begegnen sich der Pilot und der kleine Prinz in der Wüste?

Saint-Exupéry lässt uns nicht vergessen, dass er ein Märchen erzählt. Den kleinen Prinzen stellt er uns in seinem Porträt als Kind in einem Soldatenmantel, mit einem Degen und Achsel-klappen mit Sternen vor. Der Prinz könnte in diesem Kostüm auf einer Bühne auftreten, aber nicht mitten in der Wüste und dazu noch einem Piloten begegnen, der gerade da eine Bruchlandung überlebt hat, meinen die *großen Leute* vielleicht.

Warum also findet die Begegnung in der Wüste statt?

Wir Menschen sind nicht für ein Leben in der Wüste geschaffen. Nur wenn viele Bedingungen erfüllt sind, können wir dort überleben. Saint-Exupéry kannte die Wüste. Er hat sie zu verschiedenen Zeiten an verschiedenen Orten verschieden erlebt.

In einem Brief aus Dakar (1927) beschreibt Antoine seiner Mama das Cap Juby, seinen neuen Einsatzort: *Was für ein Mönchsleben ich führe! Im verlorensten Winkel von ganz Afrika, mitten in der spanischen Sahara. Ein Fort auf dem Strand, unsere Baracke daneben, und dann kommt nichts mehr über Hunderte und Hunderte von Kilometern.*

Die Sahara liebe ich sehr und auch diese schönen Seen, die einen umgeben, wenn man landen muss, und in denen sich die Dünen spiegeln. (Was übrigens recht ärgerlich ist, wenn man Durst hat ...) ... Sobald die Flut kommt, umspült uns das Meer ganz und gar...

Auf der anderen Seite sieht man die Wüste. Die Entäußerung von allem Komfort ist vollständig: ein Bett, das aus einem Brett und einem dünnen Strohsack besteht, ein Waschbecken, ein Krug. ... Eine Mönchszelle. (dtv Bd.3; S. 528)

Hier, in der Einsamkeit und Einfachheit, dem kleinen Zwischenlandeplatz für Postflugzeuge, entsteht sein erster Roman: *Südkurier*.

Zwölf Jahre später, in seinem ersten großen Bucherfolg *Wind, Sand und Sterne*, erinnert sich Antoine de Saint-Exupéry an diesen Einsatz in Juby: *Inzwischen habe ich die Einsamkeit kennengelernt. Drei Jahre Dienst in der Wüste haben sie mir ausgiebig zu kosten gegeben. Sie ist gar nicht so schrecklich, und in ihrer Gesellschaft empfindet man kein Grauen davor, die besten Jahre seiner Jugend in einem öden Steinland zu verbringen. ... Die Güter der Welt gleiten uns durch die Finger wie der Sand der Dünen.*

Den Ablauf der Zeit empfinden die meisten Menschen für gewöhnlich gar nicht; sie sind von der Vergänglichkeit vorläufig auf freien Fuß gesetzt. Wir aber empfinden ihn, denn auf uns drücken ohne Unterlass die ewigen Passatwinde. ... Und dennoch liebten wir die Wüste. (dtv Bd.1; S. 247)

Ich habe die Sahara von jeher geliebt. Ich habe manche Nacht im Aufruhrgebiet zugebracht und war schon öfters in dieser blonden Weite erwacht, der der Wind ihre Dünung gegeben hat wie dem Meer. (ibid. S. 291)

Antoine hat die Wüste noch einmal - anders – erlebt. Als er nach einer Bruchlandung mit seinem Kopiloten fünf Tage durch die Sahara irrte, hat er erfahren, was es heißt, ohne Wasser und ohne Wegweiser in der Wüste ein rettendes Ziel erreichen zu wollen, und bei jedem Atemzug zu spüren, wie das Leben verdunstet.

Er erlebte, dass die Wüste tödlich sein kann, aber auch, was ihn der Kampf um sein Leben in der Wüste gelehrt hat. *Als ich durch die Wüste mit dem Tod um die Wette ging, habe ich wieder einmal einer Erkenntnis gegenübergestanden, die dem Kopf so schwer eingehen will. Ich habe mich verloren gegeben, ich glaubte, in den Abgrund der Verzweiflung zu stürzen; aber ich brauchte nur zu verzichten, um Frieden zu finden. Der Mensch muss wohl solche Stunden erleben, um zu sich zu finden und sein eigener Freund zu werden.* (ibid. S. 319)

Das, worauf es im Leben am meisten ankommt, können wir nicht vorausberechnen. Die schönste Freude erlebt man immer da, wo man sie am wenigsten erwartet hat. ... Wir wissen zu unserer Lebensgestaltung nur, dass es Mächte gibt, die den Menschen überraschend fruchtbar werden lassen. Wo aber soll man das einzig Richtige, die Wahrheit für jeden einzelnen Menschen finden? Wahrheiten kann man nicht durch Beweisketten erschließen, man muss sie erproben. (ibid. S. 320) *Niemand kann einem anderen Menschen seine Frage nach der Wahrheit seines Lebens beantworten. Er muss sie selbst finden. Für den Menschen gibt es nur eine Wahrheit, das ist die, die aus ihm einen Menschen macht.* (ibid. S. 331)

Der Kampf um sein Leben und die Rettung durch einen Beduinen haben sich Antoine tief eingeprägt.

Wir dürfen nicht mehr schwitzen, wir dürfen keine Zeit verlieren. Der Wind mit seiner verlogenen

Liebkosung kommt aus der Wüste. Unser Blut verdunstet! ... Einen Augenblick haben wir gerastet, nun geht es weiter. ... wir sinken alle halben Kilometer erschöpft nieder ... aber wir müssen weiter. ... Nichts mehr fühle ich in mir als Dürre des Herzens. ... Ich bin schon eins mit der Wüste. Ich bringe keinen Speichel mehr hervor und auch keine Bilder, nach denen ich mich sehnen könnte. Die Sonne hat den Quell der Tränen ausgetrocknet. (dtv Bd.1; S. 314 f)

Noch eine Wahrheit lernt Antoine de Saint-Exupéry in der endlosen Wüste. Weder er noch sein Schicksalsgenosse können ihr Leben selbst retten. Ein Beduine reicht ihnen das Leben spendende Wasser. Wie eine *Hymne* liest sich Antoines Dank an das Wasser, das ihnen das Leben geschenkt hat:

Wasser, du hast weder Geschmack noch Farbe noch Aroma. Man kann dich nicht beschreiben. Man schmeckt dich, ohne dich zu kennen. Es ist nicht so, dass man dich zum Leben braucht: du selbst bist Leben! Du durchdringst uns als Labsal, dessen Köstlichkeit keiner unserer Sinne auszudrücken fähig ist. Durch dich kehren unsere Kräfte zurück, die wir schon verloren gaben. Dank deiner Segnung fließen in uns wieder alle bereits versiegten Quellen der Seele. Du bist der köstlichste Besitz dieser Erde. Du bist auch der empfindsamste, der rein dem Leib der Erde entquillt. Vor einer Quelle magnesiumhaltigen Wassers kann man verdursten. An einem Salzsee (er dachte wohl an die Seen, die er vom Fenster seines Zimmers aus in Juby gesehen hatte) *kann man verschmachten. ... Du bist eine leicht gekränkte Gottheit. Aber du schenkst uns ein unbeschreiblich einfaches und großes Glück.* (ibid. S. 317-318)

In der langen Menschheitsgeschichte haben viele Menschen, sogar ein Volk, in der Wüste die Wahrheit über sich (wieder)gefunden. Sie sind durch sie verändert worden. Auch der Pilot im Märchen wird seine Wahrheit endlich finden und wird sich wandeln.

Für den Piloten ist die Bitte des kleinen Prinzen, ihm ein Schaf zu zeichnen, fast noch erstaunlicher als sein Erscheinen in der Wüste. Der kleine Prinz möchte jedoch nicht irgendein Schaf, sondern gerade so ein Schaf, wie er es sich *vorstellt*. Kinder sind so. Freude bringt ihnen nicht ein teures Geschenk, sondern eines, das so ist, wie sie es sich vorgestellt haben. Warum bittet der kleine Prinz gerade um ein *Schaf*? Vielleicht gibt uns Saint-Exupéry die Andeutung einer Antwort im letzten Satz des dritten Kapitels:

Geradeaus kann man nicht sehr weit gehen.

Der kleine Prinz spricht in diesem kurzen Satz nicht mehr von einem Schaf, sondern von der Freiheit des Menschen und der Gefahr, die sie in sich birgt. Gegen Ende seines Romans *Flug nach Arras* steht ein kurzer Abschnitt, in dem uns Saint-Exupéry sagt, wie er über die Freiheit des Menschen denkt. *Wir haben ständig die menschliche Freiheit gepredigt. Da wir aber den* Menschen *vergessen haben, haben wir unsere Freiheit als eine unklare Fessellosigkeit*

*definiert, einzig begrenzt durch den Schaden, der dem
Nächsten angetan wird. Das entbehrt jeder Sinngebung;
denn es gibt keine Handlung, die den Nächsten nicht
betrifft. Wenn ich mich als Soldat verstümmele, werde
ich erschossen. Es gibt kein Individuum für sich. Wer
sich von ihr ausschließt, verletzt die Gemeinschaft. Wer
mutlos ist, nimmt den anderen den Mut. Unseres
Anspruchs auf eine so verstandene Freiheit haben wir
uns nicht mehr ohne unüberwindliche Widersprüche zu
bedienen gewusst. Da wir nicht mehr zu bestimmen
wussten, wann unser Anspruch galt und wann nicht
mehr, haben wir uns verstellt und die Augen zugedrückt,
um ein unklares Prinzip über zahllose Fesseln hinweg zu
retten, die notwendigerweise jeder Gesellschaft unseren
Freiheiten auferlegt.* (dtv; Bd.1; S.479 f)

Als der Pilot sieht, wie sich der Prinz der Sterne
über das Schaf in der Kiste freut, will er ihm einen
Pflock und einen Strick schenken, damit er – zur
Sicherheit seiner Rose - das Schaf tagsüber
anbinden kann. Allein schon dieser Gedanke kränkt
den kleinen Prinzen. Ein Schaf anbinden! Was für
eine komische Idee! bricht es aus ihm hervor. Man
könnte meinen, dass der kleine Prinz der
Bindungslosigkeit das Wort redet, wenn er sich
gegen den Gedanken wehrt, sein Schaf anzubinden.
Das tut er nicht.

Warum also findet der kleine Prinz die Idee, ein
Schaf anzubinden, komisch? Saint-Exupéry hat
Schafherden gesehen, die ihrem Hirten folgten und

Lämmer, die frei herumsprangen. Aber angebundene Schafe hat er wohl nie gesehen.

Vielleicht erinnerte sich Antoine auch an seine Kindheit im Schloss und Park von Saint-Maurice, wo er mit seinen Geschwistern ungehindert spielen konnte, bis die Verwandten seine Mutter überredeten, ihn und seinen Bruder François auf eine strenge Schule zu schicken. Diese Verwandten haben ihn nicht nur von seiner geliebten, ihn verstehenden Mutter getrennt, sondern ihm das *Land seiner Kindheit* genommen. Saint-Exupéry war schon Kampfflieger im Krieg mit Deutschland, aber er erinnerte sich noch an die abenteuerlichen Spiele im Park von Saint-Maurice. Im *Flug nach Arras* vergleicht er einen seiner gefährlichen Flüge zwischen den deutschen Flugabwehrraketen mit diesen Spielen.

Er spricht zu Paula, seiner Erzieherin.

Du bist zu früh von uns weggegangen, um unsere Spiele zu kennen, du hast beim Ritter Alkin gefehlt. Das war ein selbsterfundenes Spiel, denn wir machten uns nichts aus Spielen der anderen. Wir spielten es an den schweren Gewittertagen. Wenn nach den ersten Blitzen alles so eigenartig roch und die Zweige plötzlich erbebten, spürten wir, dass der Platzregen gleich losgehen musste. Das dichte Astwerk wirbelte dann einen Augenblick lang rauschend auf. Das war das Zeichen … nichts konnte uns mehr zurückhalten! Ganz hinten im Park stürmten wir quer über den Rasen atemlos auf das Haus zu. Die ersten Tropfen eines

Platzregens fallen schwer und vereinzelt. Wer als erster getroffen wurde, gab sich besiegt. Dann der zweite. Dann der dritte. Dann die anderen. Der letzte Überlebende erwies sich so als der Schützling der Götter, als unverwundbar! Er durfte sich bis zum nächsten Gewitter Ritter Alkin nennen. ...Ich spiele noch Ritter Alkin. Langsam laufe ich auf mein Feuerschloss zu. Man könnte den Atem verlieren....Ich bin nicht mehr unverwundbar. Ach, ich wusste nicht, dass ich hoffte.
(dtv Bd.1; S. 432)

Wenn der kleine Prinz das Anbinden eines Schafes schon *komisch* findet, noch komischer als er hat Antoine sicher die intolerante Atmosphäre in der Schule gefunden. Die Regeln, die zu beachten waren, befahlen vor allem Disziplin und Gehorsam. Wenn er es wagte, eine Regel zu missachten, wurde er mit Nachsitzen, mit Arrest, bestraft. Die Strafe wurde in der Freizeit abgeleistet. Besondere Fähigkeiten eines Schülers wurden in dieser Schule nicht gefördert. Nicht das Individuum, das abwägt und urteilt und dann handelt, war das Erziehungsziel dieser Schule, sondern Gehorsam. Sein Französischlehrer war der einzige, der Antoines dichterische Begabung erkannte, ihn in der kinderfeindlichen Atmosphäre der Schule unterstützte und ihm die Freude am Schreiben erhalten hat.

Die Schule musste das Ziel der Erziehung ihrer uniformierten Schüler erreichen, um die Eltern zufrieden zu stellen. Sie bildete ihre Schüler gezielt für die Militärakademien aus. Deshalb waren Disziplin und Gehorsam am meisten gefordert. Der sensible Antoine freilich entsprach nicht der Erwartung seiner Lehrer. Nur eines lernte er in der Schule: den Wert treuer *Freundschaft und die Fähigkeit, klaglos zu leiden.* (P. Webster, S. 54)

Seine Schule hat Saint-Exupéry nie wieder besucht.

Was ist uns heute bei der Erziehung unserer Kinder wichtig?

Natürlich wollen Eltern auch heute ihren Kindern eine gute Erziehung geben und sie vor Gefahren schützen. Aber wenn sogar die Eltern daheim den Kindern den Freiraum nehmen, den sie zum Wachsen brauchen, dann kann ihre ängstliche Sorge den Kindern nicht nur die Freude am Lernen, sondern sogar am Leben nehmen. Die Nachricht, dass ein Kind eines *plötzlichen* Todes gestorben ist, vertuscht manchmal mehr als die Buchstaben sagen. Für die Eltern mag der Tod ihres Kindes plötzlich gewesen sein, aber sein Sterben kann schon lange vorher angefangen haben. Die Eltern haben nur nicht gemerkt, wie sehr das Kind unter ihrer gut gemeinten Liebe litt. Das alte Sprichwort: *Liebe macht blind* trifft nicht nur für die *erste Liebe* zu, sondern auch für überbesorgte, liebende Eltern. Kinder tun was die Eltern von ihnen erwarten, weil sie sie gern haben und ihnen durch ihren Ungehorsam nicht wehtun wollen. Sie tun es nicht nur, weil sie ihnen gehorchen müssen.

Gerade überbesorgte, es gut meinende Eltern erziehen ihre Kinder manchmal ungewollt zu willensschwachen, gehorsamen Menschen, wenn sie von den Kindern nur erwarten, dass sie das tun und so tun, wie die Eltern es erwarten. Wenn ihnen diese Art der Erziehung gelingt, haben sie aus Menschen Marionetten gemacht, die auch später im Leben nur das zu tun wagen, was ihnen befohlen wird. *Alice Miller* hat in ihrem Buch *Am Anfang war Erziehung* die Schergen Hitlers beschrieben, die nur zu gehorchen gelernt hatten. Von Kindheit an hatten sie zu gehorchen. Erst dem Vater, später dem Lehrer. Als Soldaten gehorchten sie den Befehlen ihres Führers. Seine Befehle führten sie aus, ohne sich der eigenen Verantwortung bewusst zu sein. Wir kennen das Leid, das diese gehorsamen Menschen über Millionen ihrer Mitmenschen gebracht haben, aus unserer Geschichte. Vergessen dürfen wir es nicht.

Obwohl Eltern und Lehrer heutzutage für die Kinder in der Schule viel mehr tun können und tun, klagen vor allem Lehrer (nicht nur in Japan) über die geringe Eigeninitiative und Fantasie vieler Schüler. Die Lehrer sprechen und schreiben darüber, aber es ändert sich nicht viel. Der Grund für diese seltsam traurige Situation liegt wohl nicht (nur) bei den Lehrern. Viel mehr erschweren die Ideologien der Pädagogen in den Kultusministerien die notwendige Veränderung. Zu oft geht es den Pädagogen eher um die Ergebnisse bei den

Vergleichen mit anderen Schulen. Darum wird das Lehrpensum noch größer und die Lehrmethode muss auf bessere Erfolge ausgerichtet sein. Wie viel die Schüler sich von dem Lehrstoff aneignen können, ist nicht die wichtigste Frage. Der eingetrichterte Stoff ist für die Prüfungen wichtig. Es zählt (fast) nur die richtige d.h. vom Lehrer eingeübte und so wiedergegebene Antwort. Ob der Schüler sie verstanden oder sich gar zu Eigen gemacht hat, ist für die Bewertung der Testseiten bedeutsam.

Für solches Lernen sind wohl Eigeninitiative und Fantasie kaum nötig und darum ist auch im Stundenplan nur wenig oder keine Zeit dafür vorgesehen. Das ist die Situation, die ich in Japan erlebe.

Wie viel besser die deutschen Schulen bei einem Vergleich abschneiden würden, wie viel freier die Lehrer sind, mit dem Wissen auch Bildung des Geistes oder des Herzens zu vermitteln, kann ich nur ahnen und erhoffen. Aus den Untersuchungen über die Kenntnisse der Schüler in Mathematik oder im Lesen ersehe ich jedenfalls nicht, ob auch die wichtige (Herzens)bildung Ziel des Schulunterrichts ist.

Was Eltern heute mit dem Wort *erziehen* meinen und was sie von der Schulerziehung zu fordern scheinen, berichtete der Der *Spiegel* (12.8.2013), aber hoffentlich nicht als die *ganze* und einzige Wahrheit. Der Spiegel beschreibt an einigen Beispielen die überbesorgten Eltern. Sie erlauben sich nicht, auch Fehler des Kindes zuzulassen. Am liebsten möchten sie die zu erreichenden Noten selbst schaffen. Sie sind überängstlich, das Kind in seine ihm jetzt mögliche Freiheit zu entlassen auch wenn es nur darum geht, es unbeaufsichtigt mit anderen Kindern spielen oder allein zur Schule gehen zu lassen. Wie kann das Kind aber Selbstvertrauen und eigene Verantwortung einüben, wenn es nicht einmal kleinste Fehler machen darf, aus denen es beides lernen könnte?

Die Eltern meinen, sie müssen das Kind *beschützen*. Für das Kind heißt das jedoch, *immer beobachtet* zu werden. Es kann seine Freiheit kaum nach dem eigenen Urteil und Willen erleben. Ich hoffe, dass dieser Bericht im Spiegel nur einer von mehreren ist. Wenn es nicht so wäre, befürchte ich, dass uns die nächste Generation die erhaltene Erziehung nicht danken würde, weil sie durch eine *dressurähnlichen Erziehung* mehr Schaden erlitten hat, als das angelernte Wissen aufwiegen kann.

Erziehen kann man auch anders.[7] Soweit ich mich noch an meine Schulzeit vom 5. Volksschuljahr an (bis zum 10. Lebensjahr konnte ich wegen des Krieges und der Nachkriegszeit nicht in die Schule gehen) bis zum Abitur erinnere, haben unsere Eltern uns drei Geschwister beim Lernen, das heißt bei der Wissensvermittlung, nicht gedrängt und nicht geholfen und auch nicht helfen können, weil sie für unseren Lebensunterhalt (nach dem Verlust von allem bei der Aussiedlung aus dem heutigen Tschechien 1946) schwer arbeiten mussten. Als der Volksschullehrer meinem Vater riet, mich aufs Gymnasium zu schicken, sagte mein Vater mir: *Beim Lernen kann ich dir nicht helfen, aber das Geld für die Monatskarte für die Bahn im Winter werde ich dir geben können.* Auch das konnte er manchmal am Ersten des Monats nicht, und ich habe lernen müssen, wie ich dem Schaffner bei der Kontrolle entwischen konnte.

Nicht nur unsere Eltern haben für unseren Lebensunterhalt gearbeitet. Wir Kinder haben dabei geholfen, soweit wir es konnten. Ich war als Elfjähriger verantwortlich für unsere Kaninchen. Zur Schule waren es 14 Kilometer. Wenn ich mit dem Rad heimkam, holte ich mit Sense, Rechen und einem kleinen Leiterwagen Gras für die 72 Kaninchen. Ich lernte mit der Sense mähen und das Gras aufladen. Ein Handwagen voll Gras hat ein ganz schönes Gewicht. Einmal habe ich den überladenen Wagen eine kleine Steigung auf dem Weg nach Hause nicht hinaufziehen können. Unser Pfarrer hatte zu uns im Religionsunterricht von Schutzengeln gesprochen, die uns begleiten und beschützen und helfen, wenn wir in Not sind. Ich machte die Probe aufs Exempel und habe meinen Schutzengel gebeten, hinten zu schieben, weil er sowieso hinter mir ging. Er muss es getan haben, weil ich das Futter pünktlich meinen Hasen vorlegen konnte. Seitdem habe ich nie gezweifelt, dass ich einen Schutzengel habe. Außerdem hatte ich ihm später öfter als einmal zu danken, weil er mich beim Autofahren und auf dem Rad vor größerem Schaden bewahrt hat. Es muss ja nicht immer der Eindruck von Engeln sein, was im täglichen Leben unvergesslich bleibt. Aber was ich selbst erfahren habe oder was ich mir selbst beigebracht habe, daran erinnere ich mich auch noch nach über 60 Jahren, ohne dass ich in einem Test dafür eine Eins bekommen hätte. Meine freie Zeit habe ich im Wald, auf den Wiesen und Feldern mit selbst erdachten Spielen verbracht, habe mir Spielzeug ausgedacht und gebastelt. Ganz natürlich hat sich meine Eigeninitiative und Fantasie dabei entwickelt. Noch 2o Jahre später, bei meiner Arbeit im Studentenzentrum in Yamaguchi, war mir nützlich, was ich damals spielend gelernt hatte. [3, 4]

Von meinem Schulwissen habe ich viel vergessen. Aber was wir bei kleinen Arbeiten an Verantwortung selbstverständlich lernten, wie wir unsere Freiheit kreativ lebten, ohne immer von jemandem betreut zu sein, wie wir unsere Möglichkeiten auszuschöpfen versuchten, ohne dirigiert zu werden - für all das und viel mehr, bin ich von Herzen dankbar. Was ich mir durch die vielleicht unorthodoxe Erziehung angeeignet habe, hilft mir auch jetzt noch, die mir verbliebene Zeit sinnvoll zu gestalten und sie täglich froh zu erleben.

Ich glaube nicht, dass unsere Eltern befürchteten, wir könnten uns bei der Arbeit verletzen. Und wenn sie es taten, gesagt haben sie es nicht. Unsere Eltern haben uns erzogen, ohne Pädagogik an einer Universität studiert zu haben. Und keiner von uns Dreien ist davon psychisch krank geworden. Unsere Eltern haben sich sicher um uns gesorgt. Aber sie haben uns nicht angebunden oder gemeint, dass sie uns vor allen Gefahren bewahren könnten. Statt viele Worte zu machen haben sie uns vorgelebt, was sie uns zumuteten und von uns erwartet haben.[7]

Mit der beklagenswerten Situation unserer Erziehungsweise heute, hängt noch eine andere drängende Aufgabe für die Erzieher zusammen: Reicht es, wenn wir in der Schule *Ethik als Wissensvermittlung unterrichten*, wie wir es in anderen Fächern tun?

Kann allein der Unterricht in der Schule jungen Menschen helfen, dass sie sich der Verantwortung für ihr Handeln bewusst werden? Wo finden sie Wegweiser durch das Wirrwarr der Werte und Meinungen, was denn nun gut und richtig oder falsch ist? Denn auch das scheint in nicht wenigen Ländern ein ungelöstes Problem zu sein, wenn man die Berichte von Verbrechen in Schulen hört und sieht.

Saint-Exupéry hat den kleinen Prinzen auch dazu etwas sagen lassen. Als er von der Gefahr der Affenbrotbäume erzählt, bittet er den Piloten, eine schöne Zeichnung des Planeten zu machen, auf dem der Faulpelz drei Sträucher übersehen hatte, die zu Affenbrotbäumen heranwuchsen und mit ihren Wurzeln den Planeten sprengten. Der Erzähler sagt zwar, dass er nicht gern den Tonfall eines Moralisten annehmen möchte. Er hat aber die Gefahr erkannt, die den Kindern droht, wenn sie nicht beurteilen können, was ein Rosenstrauch und was ein Affenbrotbaum ist. Saint-Exupéry hat die Verantwortungslosigkeit des Krieges erlebt. Er wusste um die Angst seines jüdischen Freundes. Er hat dennoch keine Moralpredigten halten wollen sondern hat in seinem Märchen geschrieben, worauf es im Leben ankommt und was er als *Erziehungsaufgabe (der Eltern)* für wichtig hält: Sie sollen den Kindern helfen, die Weisheit zu erlangen, die ihnen ein eigenes Urteil ermöglicht, wenn sie sich im Leben entscheiden müssen, was für sie und alle Mitmenschen gut oder nicht gut ist. Saint-Exupéry wusste, dass Kopfwissen allein dafür nicht genügt. Wenn die Schule es als ihre Aufgabe ansieht, vor allem Wissen zu vermitteln, ist es schwer, die Herzens- oder die Gewissensbildung in den Lehrplan einzubinden.

Wir sollten nicht vergessen, dass die Schule die Eltern nicht ersetzen kann. Sie sind die ersten und wichtigsten Erzieher[5] ganz besonders wenn es darum geht, Werte nicht nur zu unterrichten, sondern zu vermitteln. Die Zeichnung der drei Affenbrotbäume, um die der kleine Prinz den Piloten bittet, soll *den Kindern* (bei ihm) *daheim ... richtig in den Kopf gehen* und ihnen zugute kommen, wenn sie eines Tages auf die (Lebens)reise gehen. Was ihnen in den Kopf gegangen ist und was sie sich (hoffentlich) zu Herzen genommen haben, das ist es, was wir Gewissen nennen. Nicht gelernte Gebote und auferlegte Verbote genügen als Wegweiser für ein frohes und gemeinsames Leben.

Zeigen wir als Erzieher, die wir alle sind, den Kindern noch (Vor)bilder [6] oder Werte, die ihnen in den Kopf gehen und die sie sich zu Herzen nehmen können? Lassen wir den Kindern die *Freiheit, ihren Lebensweg* zu wählen? Ich erinnere mich an eine Mutter, die eines Tages zu mir kam und ganz aufgeregt klagte, dass ihr Sohn nicht studieren, sondern Zimmermann oder Schreiner werden wollte! Ich muss sie wohl fragend angeschaut haben, denn sie sagte mir den Grund für ihre Aufregung. Ohne Studium fände er sicher keine Frau. Ich fragte sie, ob es für ihren Sohn nicht auch wichtig wäre, einen Beruf zu haben, der ihm Freude macht. Ein froher und geschickter Schreiner wäre ihnen doch auch lieber, als ein mürrischer und ungeschickter Lehrer oder Angestellter in einem Büro, nicht wahr?

Ihr Sohn bestand die Aufnahmeprüfung für die Universität, und verheiratet ist er auch. Eltern sind die ersten Erzieher ihrer Kinder, sagen wir leichthin. Im Gespräch mit jungen Paaren, die heiraten wollen, werde ich manchmal gefragt, wie sie gute Eltern werden können. Dann sage ich ihnen drei alte Weisheiten: Nehmen Sie Ihr Kind *freudig* an. *Lieben* Sie Ihr Kind ohne jede Bedingung, dann werden Sie erkennen, was ihm *jetzt* fehlt. *Und geben* Sie Ihrem Kind die Freiheit, die es *jetzt* braucht, um wachsen zu können.

Eltern sind nicht absolute Herrscher über ihre Kinder, die ihnen nur zu gehorchen haben. Kinder sind auch nicht ihr Besitz, den sie nach Belieben gestalten dürften. Darum sollten sie auch nicht ihren Stolz darein setzen, dass die Kinder so werden, wie sie sie für sich und ihr Ansehen umerzogen haben. Jedes Kind trägt seine einmalige Möglichkeit in sich. Die Eltern können helfen, dass es diesen Schatz in sich findet und ihn in seinem Leben verwirklicht. Jedes Kind tut das auf seine Weise. Auch der Weg zu sich selbst ist einmalig. Die Eltern sollen und dürfen stolz und dankbar sein, wenn sie ihrem Kind auf dem Weg zu seinem Ziel helfen konnten.

Warum hat der Pilot gerade *drei* Affenbrotbäume gezeichnet?

Die Zeichnung der *drei* Affenbrotbäume könnte vor diesem Hintergrund ein Bild für die drei Diktaturen sein, die viele Städte Europas in Schutt und Asche gelegt und über ihre Menschen Leid und Elend gebracht haben. Im *Brief an einen General* bricht die Klage Saint-Exupérys über die zur Wüstenei gewordene Menschenwelt in Worten aus, wie sie kaum stärker sein können: *Ich hasse meine Epoche aus ganzer Seele. Der Mensch stirbt in ihr vor Durst. ... ich hasse diese Epoche, in der der Mensch unter dem allgemeinen totalitären Druck zu sanftem, höflichem und ruhigem Vieh wird. Man stellt uns das als moralischen Fortschritt hin! Was ich am Marxismus hasse, das ist das Totalitäre, zu dem es führt. Der Mensch wird dort als Produzent und Konsument definiert: das entscheidende Problem ist die Verteilung. So ist es in den Musterfarmen. Was ich beim Nazismus hasse, das ist das Totalitäre, das er wesensmäßig anstrebt. Man lässt die Arbeiter des Ruhrgebiets vor einem Van Gogh, einem Cézanne und einem Farbdruck defilieren. Natürlich stimmen sie für den Farbdruck. Das ist die Wahrheit des Volkes! Man sperrt Menschen, die das Zeug zu einem Van Gogh, einem Cézanne haben, man sperrt alle großen Nonkonformisten hermetisch in einem Konzentrationslager ein, und man füttert ein gefügiges Herdenvieh mit Farbdrucken. ... Was wird ... auch aus uns, in dieser Epoche eines allgemeinen Funktionärtums? Des Menschen, der seiner ganzen Schöpfungskraft beraubt wurde. Des Menschen, den man mit Konfektionskultur, mit Standardkultur versorgt, so wie man das Rindvieh mit Heu versorgt.* (dtv Bd.3; S. 228)

Wie der Nationalsozialismus sind auch die Diktaturen in Russland und Italien sehr schnell an die Macht gekommen. Alle drei haben klein angefangen sind aber schnell gewachsen, wie die Affenbrotbäume. Aber einmal groß geworden, zerstörten die Ideologien und die Macht, die sie propagierten, Leben und Werte der europäischen Länder, so wie die drei Riesenbäume den kleinen Planeten mit ihren Wurzeln gesprengt haben. Saint-Exupéry spricht in dem oben zitierten Brief nur von zwei politischen Diktaturen. Als dritte totalitäre Macht sieht er vielleicht die geistlose Massenkonsumgesellschaft als dritten Affenbrotbaum, der die Menschenwelt zur *Menschenwüste* macht.

Im Dezember 1940 erhielt Saint-Exupéry die Erlaubnis, für den Eintritt Amerikas in den europäischen Krieg zu werben. Über zwei Jahre litt er im selbst gewählten Exil in New York. Obwohl er für fluguntauglich erklärt worden war, rang er mit den zuständigen Militärbehörden um die Erlaubnis, wieder fliegen zu dürfen. Er wollte den verrückten, sinnlosen, Völker mordenden Krieg beenden helfen. In diesen Jahren entstanden *Flug nach Arras* und *Der Kleine Prinz.*

In *Flug nach Arras* hat Saint-Exupéry geschrieben: *Ich habe eine große Wahrheit gelernt. Krieg heißt nicht, die Gefahr auf sich nehmen, heißt nicht, den Kampf auf sich nehmen. Es heißt zu gewissen Stunden für den Kämpfenden ganz einfach, den Tod auf sich nehmen.* (dtv Bd.1; S. 424)

Auf seinen letzten Flug über der Küste Südfrankreichs hatte Antoine weder Bomben noch andere Waffen, sondern nur eine Kamera mitgenommen. Er sollte die Stellungen der deutschen Armee auskundschaften.

Er ist von diesem Flug nicht zurückgekehrt.

Er war am 31. Juli 1944 gestartet. Antoine war 44 Jahre alt.

Die Dornen der Rose

Für den kleinen Prinzen ist es einfach, die Gefahr der Affenbrotbäume unter Kontrolle zu bringen. Es ist eine Frage der Disziplin, sagt er. ... *Das ist eine zwar langweilige, aber leichte Arbeit.*

Die *großen Leute* halten vielleicht eine solch einfache Lösung für kindlich oder gar kindisch. Wenn Probleme so leicht zu lösen wären, gäbe es sie nicht, meinen sie. Das sagt ihnen ihr gesunder Menschenverstand. Vielleicht hat der sogar Recht. Aber man kann auch anders denken. Da es Probleme und sogar Kriege auch heute noch *gibt,* fehlt den *großen Leuten* entweder der Verstand oder die Disziplin, (ge)recht zu handeln.

Da sich der kleine Prinz Sorgen macht, ob seine Rose sicher ist bis er mit seinem Schaf heimkehrt, fragt er den Piloten, was für einen Zweck die Dornen haben. Werden sie seine Rose beschützen, wie sie es behauptet hat? Der Pilot nimmt sich nicht einmal die Zeit, um über diese kindische Frage nachzudenken. Er hat Wichtigeres zu tun. Er muss sein Flugzeug flugtüchtig machen. Sein Leben steht auf dem Spiel. *Die Dornen, die haben gar keinen Zweck, die Blumen lassen sie aus reiner Bosheit wachsen,* murrt er seine Antwort.

Der kleine Prinz lässt sich mit diesem Gerede nicht abspeisen. Er fragt weiter. Statt einer Antwort versucht der Pilot es mit einer Ausrede: *Ich habe irgendetwas dahergeredet*, ist alles, was er zu seiner Verteidigung sagen kann.

Der kluge Prinz durchschaut den Piloten. Dieser Erwachsene ist mit seinem Problem und mit sich selbst so beschäftigt, dass ihn nichts anderes interessiert. Der Prinz der Sterne ist darüber so enttäuscht, dass er den Piloten *Champignon* nennt.

Vielleicht erleben auch heute Kinder eine ähnliche Enttäuschung, wenn niemand sie und ihre Fragen ernst nimmt.

Unter dem Zornesausbruch des Prinzen zerbricht die Mauer, hinter der sich der Pilot verschanzt hat. *Es galt auf einem Stern, einem Planeten, auf ... der Erde, einen kleinen Prinzen zu trösten. Aber ich wusste nicht, wie ich zu ihm gelangen, wo ich ihn erreichen konnte*, erkennt er seine Gefühl- und Herzlosigkeit – zu spät.

Der Prinz der Sterne sieht Dinge und macht sich Gedanken über sie, die von den großen Leuten, gar nicht beachtet werden, sagte Yasunari, als wir den Abschnitt über die Enttäuschung des kleinen Prinzen hörten. *Seit ich blind bin habe ich nicht nur besser hören, sondern auch sehen gelernt. Der kleine Prinz war seit seiner Begegnung mit der Rose nicht nur von ihrer Schönheit beeindruckt, sondern sah auch ihre Dornen. Aber eigentlich passten sie nicht zu seiner Rose, dachte er.*

Yasunari spürte wohl, dass ich ihn fragend anschaute, und erklärte mir, was er mit *besser sehen* meinte, obwohl er doch blind war. *Ich meine, dass ich vieles bewusster sehe. Das fängt schon beim Gehen an. Wenn ich gehe, dann denke ich bei jedem Schritt. Das hört sich vielleicht seltsam an. Aber ich kann mich nicht einfach auf meine Beine verlassen. Ich muss mir vorstellen, wo ich gehe, und wie ich da zu gehen habe.*

Ich glaube, dass Künstler Kunstwerke schaffen können, weil sie nicht verlernt haben, gut hinzuschauen, mit dem Herzen gut zu sehen, wie der Fenek es ausdrückt. Sie schauen die Welt, in der sie sich bewegen, ganz bewusst an, und darum sehen sie ihre Schönheit.

Der Haiku-Dichter Matsuo Basho (1644-1694) ist einer von ihnen.

Auf seinen Wanderungen durch Japan schrieb Basho viele Haiku[8] (dreizeilige Gedichte). Er war ein Dichter, den die kleinste Blume am Wegrand zu einem Gedicht inspirierte. Er sah, hörte und erlebte seine Umwelt bewundernd, staunend, bewusst, wie Kinder sie erleben.

Basho sah das unscheinbare Hirtentäschl unter einer Hecke blühen und verewigte es in einem Haiku.

yoku mireba / nazuna hana saku / kakine ka na

> Wenn man genau hinschaut, sieht man das
> nazuna (= Hirtentäschl) unter der Hecke
> blühen.

Dem Piloten erzählt der kleine Prinz von seiner Begegnung mit der Rose. Er hat alles für die Rose getan worum sie ihn bat. Dass sein Dienst nicht nur selbstverständliche Freundlichkeit war, verstand er erst, nachdem sie ihm beim Abschied ihre Liebe gestanden hatte. Er hatte nicht verstanden, dass ihre Schönheit und der Duft ihrer Blüte Zeichen *ihrer* Liebe waren. Erst nach ihrem Bekenntnis erkannte auch er, dass alles, was er für sie getan hatte, Ausdruck *seiner* Liebe gewesen war. Dem Piloten gestand er, dass er zu jung war, um sie lieben zu können.

Manchmal ist es auch für Kinder schwer, in allem, was ihre Eltern ihnen (an)tun, ihre Liebe zu spüren. Die meisten Eltern - es wäre wunderbar, wenn es alle wären - tun für ihre Kinder alles, was in ihrer Macht steht. So meinen sie jedenfalls. Aber manchmal ist halt *alles* zu viel. Wenn Kinder den guten Willen ihrer Eltern spüren oder wenn sie sich darin wohlfühlen, werden sie ihre Liebe annehmen. Aber wenn die gut gemeinte Liebe ihnen alle Freiheit, die Luft zum Atmen nimmt, erleben sie nur noch den Schmerz der Dornen. Auch wenn die Eltern ihre Liebe mit Worten zu erklären versuchen, wenn sie sagen: ich tue es doch für dich! sind die Worte für die Kinder oft keine Erklärung, sondern der Versuch, sich zu vereidigen. Für Erzieher, vor allem für Eltern, wäre es sehr oft wichtiger, dem Kind zuzuhören, als für das Kind etwas zu tun oder ihm etwas zu sagen. *Die Sprache ist die Quelle der Missverständnisse*, belehrt der Fenek den kleinen Prinzen. (S. 69)

Freilich ist es auch für Eltern nicht immer leicht, ihr Kind so zu lieben, dass es ihre Liebe annehmen kann ohne sich bedrängt zu fühlen. Wie sehr leiden auch Eltern, wenn sie erkennen müssen, dass ihre Liebe Schmerz und Leid zugefügt hat, obwohl sie dem Kind doch ihre Liebe schenken wollten. Ein ehrliches Gespräch zwischen ihnen und dem Kind kann viele Missverständnisse aufklären. Liebe, die sich im Zuhören und im Sprechen mit einander offenbart, verzeiht ja nicht nur, sondern ist das Band oder die Brücke, die Eltern und Kind verbindet.

Als der kleine Prinz den 5000 Rosen erklärt, wie es kommt, dass seine Rose ganz anders ist, als sie, sagt er auch: *Da sie es ist, die ich klagen oder sich rühmen gehört habe oder auch manchmal schweigen.* (S. 70)

Consuelo de Saint-Exupéry erinnert sich im letzten Kapitel ihres Buches *Die Rose des kleinen Prinzen* an die Abschiedsworte ihres Mannes, die ähnlich unbeholfen klingen wie das, was sich die Rose und der kleine Prinz zu sagen haben. Sie schreibt:

Machen Sie mir einen Mantel aus Ihrer Liebe, Consuelo, meine Blume, und die Kugeln werden mir nichts anhaben können.

Und Consuelo antwortet: *Ich webe Ihnen diesen Mantel, mein Liebster. Möge er Sie in alle Ewigkeit einhüllen.* (S. 342)

Im selben Kapitel erinnert sich Consuelo an Worte Antoines, die ihr Trost und wohl auch das Geständnis seiner Liebe sein sollten. Antoine sagte ihr: *Und gib mir dein kleines Taschentuch, damit ich darauf die Fortsetzung des Kleinen Prinzen schreibe. Am Schluss der Geschichte wird der kleine Prinz dieses Taschentuch seiner Prinzessin schenken.*

Du sollst nie wieder eine Rose mit Dornen sein, sondern die Traumprinzessin, die immer auf den Kleinen Prinzen wartet. Dieses Buch werde ich Dir widmen. Ich kann mich nicht darüber trösten, dir das erste nicht gewidmet zu haben. (S. 340)

Antoine und Consuelo haben an ihrer Liebe gelitten. Die Dornen, von denen die Rose meint, dass sie sie vor den Tigern schützen, sind für Antoine und Consuelo Symbol für das Leid, das sie sich mit ihrer Liebe zufügten.

Antoine hat aber auch im Märchen nicht gesagt, *warum* Liebe Leid zufügen kann.

Weil die Rose ihm den Kopf verdreht, entschließt sich der kleine Prinz, ihr Adieu zu sagen. Für beide ist der Abschied schmerzlich. Erst als ihm der *Geograph* erklärt, dass seine Rose von baldigem Verschwinden bedroht ist, bereut er, dass er sie mit ihren vier Dornen allein zurückgelassen hat.

Der Fenek wird dem unglücklichen Prinzen noch ein Wort ans Herz legen: *Du bist zeitlebens für das verantwortlich, was du dir vertraut gemacht hast.* Und der kleine Prinz pflichtet ihm bei: *Ich bin für meine Rose verantwortlich.* Um dieser Verantwortung für seine Rose willen kehrt er, wenn die Zeit gekommen ist, zu ihr zurück.

Spieglein, Spieglein an der Wand

Die Reiseberichte des kleinen Prinzen von den sechs Planeten scheinen zu dem Märchen nicht recht zu passen.

Die Planetenbewohner, die er uns so lebendig schildert, sind aber nicht nur Planeten-Sonderlinge. Bevor der Weltraumfahrer den „Planeten mit dem guten Ruf" erreicht, heißt es nämlich, dass es auf der Erde die gleichen sehr seltsamen Exemplare gibt, nur in viel größerer Zahl.

Wir sollten die Sonderlinge nicht zu schnell vergessen wollen, denn vielleicht erkennen wir uns in dem Spiegel wieder, den sie uns vorhalten.

Die wunderlichen, ganz ungewöhnlichen Leute, denen der Prinz der Sterne auf den Planeten begegnet, beeindrucken ihn. Er schüttelt nicht nur den Kopf über sie, sie machen ihn manchmal auch traurig. Er erkennt aber, wie hilflos er diesen sonderbaren Gestalten gegenübersteht. Er kann sie nicht ändern, sieht aber auch keinen Ausweg aus ihrer Situation.

Alle sechs Planetenbewohner haben etwas gemeinsam, worüber wir uns auch bei Menschen auf unserem Globus wundern. Sie sind von einer einzigen Idee beherrscht und versuchen, nach ihr und für sie zu leben. Aber sie leben nicht mehr, eher *werden* sie von dieser fixen Idee *gelebt*.

Als erstes Exemplar begegnet der kleine Prinz einem absoluten und universalen *König*. Das sagt dieser jedenfalls von sich. Aber der kleine Prinz durchschaut die Staffage sehr bald. Der *König* bildet sich zwar etwas auf seine absolute Autorität ein, aber was er befiehlt, ist doch nur das, was sowieso geschieht. Als sein Untertan ihn bittet, ihn einen Sonnenuntergang sehen zu lassen, lässt der König sich mit seinem Befehl etwas Zeit, erklärt dem Besucher aber auch warum: *Ich werde (den Sonnenuntergang) befehlen. Aber in meiner Herrscherweisheit werde ich warten, bis die Bedingungen dafür günstig sind.*

Saint-Exupéry beschreibt diesen König als einen, der denkt. Er weiß, dass er keine dummen Befehle geben darf. *Seine* Autorität beruht auf der Vernunft. Und er erklärt dem Fragesteller sogar, wie er es meint: *Man muss von jedem fordern, was er leisten kann.*

Auch aus diesem Satz spricht eine Weisheit, die leider fast in Vergessenheit geraten ist. Wir meinen, mit unserer Klugheit neue Erziehungsmethoden und -ideale gefunden zu haben. Sie sind leider manchmal so neu und klug, dass sie den Kindern die Freude am Lernen zerstören, sie überfordern und krank machen.

Was wir mit den Forderungen bei der Schul-erziehung unserer Kinder übertreiben, das vergessen wir, wenn es um unsere alternden Menschen geht, sagte mir Yasunari. *Wir erwarten oft zu wenig von ihnen und nehmen ihnen so die Freude am Leben. In Heimen bekommen die alternden Menschen zwar Essen und ein Bett und werden auch einigermaßen betreut, aber „gefordert" und gebraucht fühlen sie sich nicht. Dass sie sehr alt werden, ist für die Statistiken wichtig, denn sie bestätigen den Erfolg des Bemühens der Pflegeeinrichtungen für die alten Mitbürger. Zur Lebensqualität der alternden Mitmenschen haben die Statistiken leider nichts zu sagen.*

Dass Männer und Frauen, die im Arbeitsleben stehen, sich selbst bis zur Arbeitsunfähigkeit über-fordern, scheint auch in Deutschland eine traurige Modekrankheit zu sein: das Burnout. In Japan nennen wir die Endstation eines überforderten Menschenlebens Karoshi (shi - Tod durch karo – Überanstrengung).

Der kleine Prinz reagiert auf den König, wie jedes gesunde Kind reagieren würde: Er langweilt sich und gähnt. Er hat aber den Mut, seine eigene Entscheidung zu treffen. *Ich werde wieder abreisen,* sagt er dem König.

Der Herr des Universums versucht noch, den einzigen Untertanen auf seinem Planeten zurückzuhalten und ernennt ihn zu seinem Justizminister. Der kleine Prinz hat kein Interesse daran, eine Ratte zu verurteilen und sie im nächsten Urteil wieder freizusprechen.

Der König gibt nicht auf: *Du wirst also über dich selbst richten. Es ist viel schwerer, sich selbst zu verurteilen, als über andere zu richten. Wenn es dir gelingt, über dich selbst gut zu Gericht zu sitzen, dann bist du ein richtig Weiser.* Die Antwort des kleinen Prinzen ist schlicht und einfach: *Ich kann über mich richten, wo immer ich bin.*

Vielleicht will der kleine Prinz auch uns dieses Wort sagen. Denn es ist weise sich zu fragen, ob ich wirklich der bin, der ich sein könnte.

Der kleine Weltraumfahrer trifft auf dem zweiten Planeten einen *Eitlen*. Dieser Sonderling lebt für seine Eitelkeit. Gleich fragt er seinen Besucher, ob er ihn als den schönsten, den bestangezogenen, den reichsten und den intelligentesten Menschen bewundert. *Aber du bist doch allein auf deinem Planeten*, sagt ihm der kleine Prinz. Diese Wahrheit hört der Eitle leider nicht. Ihm geht es nur darum, bewundert zu werden. Der kleine Prinz hebt ein bisschen die Schultern und tut dem Eitlen den Gefallen. Aber da er nicht versteht, was das alles bedeuten soll, fragt er: *...wozu nimmst du das (oder dich) so wichtig?*

Von Papst Johannes XXIII. erzählt man sich folgende Geschichte: Einem Bischof, der gerade sein Amt angetreten hatte und wegen der ihm auferlegten Bürde nicht mehr schlafen konnte, bekannte er: *Mir ging es in den ersten Wochen meines Pontifikats genauso. Aber dann raunte mir einmal in einem Wachtraum mein Schutzengel zu: 'Giovanni, nimm dich nicht so wichtig.' Seitdem schlafe ich wieder.*

Humor öffnet vielleicht den eitlen und allzu besorgten Menschen Augen und Ohren für die Wahrheit und lässt sie besser schlafen.

Über den *Säufer* auf dem dritten Planeten ist der kleine Prinz eher traurig als verwundert. Er verschwand bestürzt, heißt es am Ende des kurzen Kapitels.

Auch der Säufer – wie der König und der Eitle – verschließt die Augen vor der Wahrheit. Er verdrängt, was der wirkliche Grund seines Trinkens ist. Aber aus dem Teufelskreis von Scham und Sucht kann er sich selbst nicht befreien.

Wie der kleine Prinz möchten auch Kinder aus vielen Familien ebenso gern von zu Hause verschwinden und müssen doch weiter mit ihren Eltern leiden. Alkohol- oder Drogenabhängigkeit erfordern mehr von uns, als nur ein bisschen die Schultern zu heben. Aber helfen können wir auch nur sehr schwer. Ein gutgemeintes Wort der vorsichtigen Warnung erreicht die Ohren abhängiger Menschen sehr selten. Vor dem Elend, das sie irgendwann erwartet, schließen sie Augen und Ohren, bis es für eine Hilfe zu spät ist.

Der *Geschäftsmann* auf dem vierten Planeten ist einer der *großen Leute*, die sich nur für Zahlen interessieren. Er ist ein Mensch, *der nie den Duft einer Blume geatmet, nie einen Stern angeschaut, nie jemanden geliebt hat.* Für den kleinen Prinzen ist er ein *Champignon.* Die *Champignons,* die ich in meiner Kindheit gesehen habe, strahlten wie weiße Eier in der Frühlingswiese bei unserem Haus. Wenn ich in die weiße Schale ein kleines Loch bohrte und sie leicht zusammendrückte, blies brauner Staub heraus. Die strahlend weißen Champignons waren unter der strahlenden Schale zu Staub zerfallen. An diese leeren Hüllen denke ich, wenn der kleine Prinz den Piloten und den Geschäftsmann als *Champignon* tituliert.

Der Geschäftsmann bildet sich ein, die *Sterne zu besitzen.* Für den kleinen Prinzen bedeutet *besitzen,* dass er zum Beispiel für seine Rose und für seine Vulkane etwas tun kann. Dem Geschäftsmann sagt er darum: *Du bist für die Sterne zu nichts nütze.* Mit offenem Mund schaut der dem kleinen Prinzen nach, der einfach verschwand.

Die Frage, *wie* wir *besitzen* oder *wozu* wir *besitzen,* ist für uns zu einer bedeutsamen Frage geworden. Wenn wir bedenken, dass auf der Welt täglich Tausende von Kindern sterben, weil niemand mit ihnen eine Hand voll Reis teilt oder ihnen ein Glas Trinkwasser reicht, sollte auch uns der Mund offen bleiben. Geht es uns manchmal nicht nur darum, dass wir noch etwas mehr zu unserem Besitz hinzufügen möchten? Wenn es nicht so wäre, welche Gründe könnten ernsthafte Menschen sonst haben, zu arbeiten, bis sie keine Kraft mehr zum Leben haben?

In einer griechischen Sage darf sich König Midas von Dionysos etwas wünschen. Der König überlegt nicht lange: *Lass alles, was ich berühre, zu Gold werden!* nennt er den Wunsch, der eines Königs würdig ist. So meint er. Und so geschieht es: Beim Mahl greift er nach Brot und Wein – und hält strahlendes Gold in der Hand. Zu spät erkennt er, dass seine Gier, noch mehr zu besitzen, ihm zur Todesfalle geworden ist.

Irgendwo habe ich eine andere Geschichte gelesen, in der es auch um ein Mahl geht. Es ist eine russische Geschichte, glaube ich.

Einmal bat ein Rabbi Gott darum, den Himmel und die Hölle sehen zu dürfen. Gott erlaubte es ihm und gab ihm den Propheten Elias als Führer mit. Elias führte den Rabbi zuerst in einen großen Raum, in dessen Mitte auf einem Feuer ein Topf mit einem köstlichen Gericht stand. Rundum saßen Leute mit einem langen Löffel in der Hand und alle schöpften aus dem Topf. Aber die Leute sahen blass, mager und elend aus.

Der Rabbi fragte den Propheten, welch ein seltsamer Ort das denn sei. Schweigend führte Elias den Rabbi in einen anderen Raum, der genau so aussah wie der erste. In der Mitte des Raumes brannte auch ein Feuer, auf dem ein Topf mit einem köstlichen Gericht stand. Auch hier saßen Leute rundum mit einem langen Löffel in der Hand und alle schöpften aus dem Topf. Die Leute aber sahen alle gut, gesund und glücklich und zufrieden aus.

Da bemerkte der Rabbi, dass sie nicht versuchten, selber zu essen, sondern dass sie sich gegenseitig fütterten.

Was ist das für ein seltsamer Ort, fragte der Rabbi den Propheten wieder.

Das ist der Himmel, antwortete lächelnd Elias.

Dürfen wir vor dem Elend hungernder Menschen die Augen schließen und uns an *unserem* Besitz einfach nur freuen? Vielleicht müssen wir länger hinschauen, um das Gold auf den Schuppen der Schlange zu erkennen, die uns nach dem Leben trachtet.

Das ist *eine* Seite unserer traurigen Wirklichkeit, die wir geschaffen haben. Aber zum Glück sind nicht alle Menschen nur auf eigenes Besitzen bedacht. Es gibt sehr viele Menschen und Gemeinschaften, die mit ihrem Besitz Schulen und Krankenhäuser in anderen Ländern schaffen und unterhalten. Ärzte verlassen für einige Monate ihren Arbeitsplatz daheim und gehen dorthin, wo Menschen ohne ihren Einsatz keine ärztliche Hilfe bekämen. Meist tun sie das ganz oder teilweise auf eigene Kosten.

Besitz zu *haben* ist also keineswegs immer nur ein Zeichen von Egoismus. Mit *Besitz* können wir viel Gutes tun, wenn wir ihn miteinander teilen. Das macht uns nicht ärmer, sondern bereichert uns. [9,10] Je mehr wir unsere Mitmenschen an unserem Besitz teilhaben lassen, desto (mit-) menschlicher werden wir. Es sollte uns nicht so sehr um das Haben gehen, sondern mehr noch um unser Sein. Dafür brauchen wir keinen Garten mit 5000 Rosen und keinen Ozean.

Denn was wir in unserem Besitz wirklich suchen, finden wir in *einer einzigen Rose* und in einem *Glas* Wasser, sagt uns der kleine Prinz. (S. 78)

Auf dem fünften Planeten findet der kleine Prinz einen *Laternenanzünder*, einen sehr ernsthaften Mann, der meint, eine alte *Weisung* nicht ändern zu dürfen oder zu können und dem darum seine Arbeit zur Qual geworden ist. Er ist ein Mensch, der nicht mehr fähig ist, einen notwendig gewordenen Wandel in seinem Leben zu wagen. Er kapituliert aus Angst vor dem Neuen. Jede Veränderung in unserem Leben und in der Gesellschaft erfordert Mut. Wir wissen aber auch, dass wir uns ändern *müssen*, wenn wir nicht versteinern wollen. Und dennoch wagen wir den Schritt in ein unbekanntes Terrain erst, wenn es nicht mehr anders geht.

Der Fall der Mauer in Berlin ist ein seltenes aber gutes Beispiel in der Welt der Politik und Menschheitsgeschichte. Obwohl einige Politiker meinten, die Mauer ewig verteidigen zu müssen, ist sie durch den Mut von Menschen gefallen.

Auch der Fall anderer Mauern, die wir um unsere guten, alten Gewohnheiten gebaut, die wir zwischen den Religionen und Kulturen, zwischen Menschen aufgerichtet haben, nur weil sie anders aussehen als wir, würde unsere Welt menschenfreundlicher, friedvoller und lebenswerter machen. Wir wissen es, aber handeln nicht danach, weil uns vielleicht der Mut zum Handeln fehlt.

Den Mut, die Kirchengeschichte zu verändern, hatte auch Papst Benedikt 2013, als er sein Amt für einen Nachfolger bereitstellte. Das hat es vor Benedikts Abschied nur einmal in der Geschichte der Kirche gegeben.

Die Planetenreise des kleinen Prinzen geht weiter. Auf dem sechsten Planeten wohnt ein *Geograph*. Der kleine Prinz ist beeindruckt von diesem Gelehrten, der einen richtigen Beruf hat und ungeheure Bücher schreibt. Doch langsam korrigiert der Prinz seinen ersten Eindruck. Er steht vor einem Schreibtischgelehrten.

Da ihn der Geograph auffordert, ihm *seinen* Planeten zu beschreiben, erzählt ihm der kleine Weltraumfahrer von seinen Vulkanen und gleich danach von seiner Rose, die für ihn das Schönste ist auf seinem kleinen Planeten. Zu seinem Erstaunen interessiert sich der Gelehrte überhaupt nicht für sie. Der Grund, den ihm der Geograph für sein Desinteresse nennt, schockiert den kleinen Prinzen: Seine Rose ist *vergänglich*, sie ist von *baldigem Entschwinden* bedroht, belehrt er ihn! Zum ersten Mal zweifelt der kleine Prinz, ob es richtig war, dass er sie mit ihren vier Dornen allein gelassen hat.

Über das Wort *vergänglich* hatte Yasunari mir sehr viel zu sagen. Ich spürte, dass in diesem Wort auch seine Lebenserfahrung mitklang: sein Leiden an seiner Erblindung und an der Leukämie waren für ihn Zeichen seiner Vergänglichkeit.

Ich spreche nicht gern davon, sagte er, *aber in Japan haben wir erlebt, wie viel Leid auch die Wissenschaftler über die Menschen gebracht haben. Was vergänglich sein bedeutet, haben die Menschen in Hiroshima und Nagasaki im Feuer der Atombombe und ihren Schmerzen bis in den Tod erlebt. In Sekunden starben über zweihunderttausend unschuldiger Menschen und beide Städte waren verbrannt und verseucht. R. Oppenheimer sagte nach der ersten unterirdischen Atomexplosion in der Wüste von Texas: Wir dürfen nie wieder eine Atombombe bauen. Denn die Wissenschaftler werden trotz genauester Vorausberechnungen mit einer fertigen Bombe ihr Experiment machen. Sie wollen sehen, wie das funktioniert, was sie entwickelt haben. Und so ist es 1945 geschehen. Ich habe nur Fotos der zerstörten Städte Hiroshima und Nagasaki gesehen. Aber ich verstehe die Menschen, die die Bombe dort erlebt haben, die für immer krank sind und jetzt in die Welt hineinrufen: NIE WIEDER HIROSHIMA UND NAGASAKI.*

Der Mensch ist wirklich vom baldigen Verschwinden bedroht, denn die Wissenschaftler forschen weiter.

Was ich in meinem Leben erfahre, sagt uns Buddha in einem Satz seiner Lehre: **Alles Geschaffene ist vergänglich. Strebt weiter, bemüht euch, unablässig achtsam zu sein.** *Diese Weisheit hat die japanische*

Kultur sehr stark beeinflusst, fuhr Yasunari fort. Dass die Kirschblüte in Liedern und Gedichten besungen, in unzähligen Bildern dargestellt wird, und dass wir jedes Frühjahr unter den blühenden Kirschbäumen essen und trinken, hat einen Grund auch darin, dass wir die fallenden Blütenblätter als ein Zeichen sehen, das uns an unsere eigene Vergänglichkeit erinnert.

In unseren Wohnungen ist der buddhistische Hausaltar eine sehr wichtige und kostbare Erinnerung an unsere Toten. Täglich stellt die Hausfrau eine Schale Reis und einen Becher Reiswein vor das Holztäfelchen, auf dem ein Mönch den besonderen Namen des Toten geschrieben hat.

Viele Familien beten jeden Abend gemeinsam vor dem Altar, oder die Frau oder die Kinder berichten dem verstorbenen Ehemann und Vater das, was sie traurig oder froh gemacht hat. Unsere Toten sind uns nahe, auch wenn wir um sie trauern.

Am 15. August, dem Obon (buddhistisches Totenfest), empfängt die Familie ihre Toten in ihrem Geburtshaus, und die ganze Familie isst und trinkt mit ihren Ahnen. Trotz der Hast und des Zeitdrucks der Menschen im Alltag nehmen wir uns die Zeit, an diesen Tagen mit unserer Familie zusammen zu sein.

Für uns ist Vergänglichkeit nicht etwas Trostloses. Schon im Leben ist der Tod ein Teil von uns und von unserem Alltag. Natürlich leiden und weinen wir am Sarg eines lieben Menschen. Natürlich weinen die Menschen, die bei großen Erdbeben oder Überflutungen alles verloren haben. Sie leiden, aber sie zerbrechen nicht

an ihrem Leid. Ich glaube, dass nicht viele Japaner fragen,
warum gerade sie so großes Leid trifft. Es gehört zum
Leben. Leiden ist keine Strafe Gottes, welchen Namen wir
ihm auch geben.

Selbst in der *Teezeremonie* ist der Gedanke der
Vergänglichkeit gegenwärtig. Wenn wir eine Schale
Tee miteinander teilen, sollen wir dankbar
bedenken, dass dieser Augenblick nicht
wiederholbar ist. Jede Begegnung mit einem
Menschen ist einmalig.

Nach dem großen Erdbeben und dem Tsunami
in Nordjapan (2011) haben viele Menschen in den
Notunterkünften ihr Leben selbst beendet. Wir
können nur ahnen, wie groß die Verzweiflung in
den Herzen dieser Menschen gewesen ist. Viele
hatten alles, auch ihre Familie verloren, lebten
allein, vergessen, ohne menschlichen Kontakt,
sogar ohne genügend materielle Hilfe und ohne
einen Hoffnungsschimmer für die Zukunft. Wir
wissen nicht, wie sehr diese Menschen bis zu ihrem
Tod gelitten haben. Wir haben uns bei diesem
Unglück auch an die Grenze des Erträglichen in
unserem Leben erinnern müssen und daran, dass
wir einander brauchen, um leben zu können.

Mir scheint, dass Saint-Exupéry den kleinen
Prinzen die Sternenreise zur Erde hat machen
lassen, weil er sich um die Menschen sorgte. Er ist
großen Leuten begegnet, die nicht wussten, warum
sie leben sollten. Im Krieg war er Zeuge
fürchterlicher Schicksale, die viele seine Kameraden

erlitten. Aber Saint-Exupéry hoffte, dass die großen Leute unter seinen Märchenlesern erkennen werden, worum es ihm geht: die *Menschenwüste* zu einer Oase des Vertrauens und der Hoffnung zu machen.

Der Planet mit dem guten Ruf

Den ersten Schritt auf dem Planeten mit dem guten Ruf macht der kleine Prinz in der Wüste. Er sucht Menschen, trifft aber nur eine *Schlange*. Von ihr muss er sich sagen lassen, dass in der Wüste niemand lebt. Da der kleine Weltraumfahrer klagt, dass er sich in der Wüste einsam fühlt, gibt ihm die Schlange die zweite Information: *Man ist auch bei den Menschen einsam.*

Diese Information der Schlange über die Menschen ist nicht die wichtigste, aber sie enthält mehr als ein Körnchen Wahrheit, sagte Yasunari. *Als ich das erste Mal im Krankenhaus lag, habe ich die Einsamkeit bei den Menschen bitter gespürt. Freunde aus der Schulzeit und Kommilitonen haben mich besucht, und wenn es auch nur kurze Besuche waren, haben sie mir geholfen, meine Einsamkeit zu ertragen. Ich erlebte, dass sie an mich denken, dass ich nicht allein bin. Ich habe erfahren, dass es nicht so sehr Dinge sind, die ich zum Leben brauche, sondern Menschen.*

Die Schlange, die der kleine Prinz in der Wüste trifft, macht ihm keine Angst. *Du bist ein drolliges Tier ... dünn wie ein Finger,* sagt er ihr. Die Schlange warnt ihn, ihre Macht nicht zu unterschätzen. Doch der tapfere und kluge Prinz schaut sie an und stellt fest, dass sie nicht sehr mächtig sein kann, weil sie nicht einmal Füße hat. Das letzte Wort in dieser naturwissenschaftlichen Diskussion hat die Schlange: *Ich kann dich weiter wegbringen als ein Schiff. ... Wen ich berühre, den gebe ich der Erde zurück, aus der er hervorgegangen ist. ... Ich kann dir eines Tages helfen, wenn du dich zu sehr nach deinem Planeten sehnst.*

Zwar behauptet der weise Prinz, dass er die Schlange sehr gut verstanden habe, fragt sie aber doch, warum sie immer in Rätseln spricht. Ihre kurze, vieldeutige Antwort ist: *Ich löse sie alle.*

Was wir von der Schlange über die Menschen hören, ist uns nicht neu. Der Mensch ist vergänglich. Er lebt auf den Tod hin. *Wen ich berühre, den gebe ich der Erde zurück, aus der er hervorgegangen ist*, weiß sie zu sagen. Das ist eine alte Weisheit, aber wir hören sie nicht gern und darum meinen wir, sie vergessen zu können.

Was aber meint die Schlange, wenn sie dem kleinen Prinzen verspricht: *Ich kann dir ... helfen, wenn du dich zu sehr nach deinem Planeten sehnst.*

Die Lösung dieses Rätsels erzählt uns der Pilot, wenn die Zeit dafür gekommen ist.

Auf der Suche nach Menschen begegnet der kleine Prinz einer Wüstenblume. Was sie ihrem Besucher über die Menschen sagt, stammt aus ihrer

Erfahrung. Für sie selbst sind ihre Wurzeln lebenswichtig, aber weil die Menschen, die sie kennt, keine Wurzeln haben, weiß (man) nie, wo die Menschen zu finden sind. Der Wind verweht sie. So sieht uns die Wüstenblume.

Dass wir Menschen Füße und keine Wurzeln haben, ist eine Binsenweisheit. Dennoch sprechen wir von unseren Wurzeln oder davon, dass wir in unserer Heimat, in unserer Geschichte, in unserer Familie verwurzelt sind.

Unsere Kultur, sagte mir Yasunari, *unterscheidet sich heute nur wenig von der deutschen oder der amerikanischen. So scheint es jedenfalls. Dennoch klagen Lehrer darüber, dass ihnen manchmal der Hintergrund und die Grundlage für das fehlen, was sie im Unterricht weitergeben sollen. Das spüren sie besonders im Ethikunterricht. Die japanische Kultur und Ethik sind in einem anderen Boden verwurzelt als die europäische. Ich meine, dass wir unsere Wurzeln im Buddhismus suchen müssen. Der Weg des Tees zum Beispiel hat seine Wurzeln im Zen Buddhismus*, erklärte Yasunari. *Dem ersten Meister der Teezeremonie, Sen no Rikyu, wird das geistige Fundament des Cha no yu (oder auch Sado) (Weg oder Kunst des Tees) zugeschrieben, das er in vier Schriftzeichen ausdrückte. Im Deutschen werden sie mit den Worten Ehrfurcht, Reinheit oder Wahrheit, Einfachheit und Harmonie oder Friede wiedergegeben.*

Ehrfurcht gegenüber der Natur, vor dem Menschen und vor dem, den wir unter verschiedenen Namen verehren, im Schinto ist es Kami. Ihm wird die erste Schale Tee in einer feierlichen Prozession dargebracht.

Reinheit des Teezimmers, der Utensilien für die Teezeremonie und des Herzens derer, die an der Zeremonie teilnehmen. Symbolisch gießt man mit einem Bambusschöpfer Wasser über die Hände und spült den Mund aus, bevor man das Teezimmer betritt.

Einfachheit und Wahrheit in allem, was die Teezeremonie betrifft. Im Teezimmer hängt nur eine Calligraphie in der Nische und eine Blume steht in einer einfachen Vase. Die Gäste sollen einander achten.

Harmonie und Frieden in Haus und Garten. Dafür gibt es einen kleinen Eingang, eigentlich ist es nur ein Loch in der Wand, durch das der Gast ins Teezimmer hineinkriecht. Im Teezimmer werden gesellschaftliche Unterschiede nicht betont. Jeder grüßt jeden wie Seinesgleichen mit der gleichen Verbeugung. Darum mussten früher auch die Fürsten ihre Schwerter vor dem kleinen Eingang ins Teezimmer ablegen.

Wie beim Zen soll diese innere Haltung für unser ganzes Leben gelten.

Ich meine, dass wir auf diesen Begriffen eine einfache Ethik für unsere Kinder aufbauen könnten. Sie würde vielleicht verhindern, dass unsere jungen Menschen vom Wind der Ideologien und Zwänge verweht werden.

Nach dem kurzen Gespräch mit der Wüstenblume sehen wir den kleinen Prinzen auf dem Gipfel eines hohen Berges stehen. Er ruft seinen Gruß in die Welt zu seinen Füßen hinaus. Und tatsächlich kommt die Antwort zurück! Da der kleine Bergsteiger kein *Echo* kennt, meint er, dass die Stimmen, die er hört, die lange gesuchten Stimmen der Menschen sind. Seine erste Frage: *Wer bist du?* [11] schallt ihm dreifach zurück. Sie scheint dem Erzähler sehr wichtig zu sein.

Yasunari hat sie jedenfalls auch an sich gerichtet gehört. Bei seinen langen Aufenthalten im Krankenhaus, hatte er viel Zeit zum Nachdenken, und er hat sie genutzt. Er hat sehr lange über seine Krankheit, über seine Zukunft, über den Sinn seines ganzen Lebens nachgedacht. Er gestand mir, dass er sehr enttäuscht und traurig war, wenn er sich fragte, was von alldem, was er bisher getan hatte, in seinem Leben wirklich wichtig gewesen ist. Ob sein Leben überhaupt einen Sinn hat. Eines hat er sehr bald erkannt. Auf die Frage, wer er ist, kann ihm niemand eine Antwort geben außer ihm selbst.

Woran liegt es, dass viele von uns, auch wenn wir sehen können und gesund sind, am Sinn unseres Lebens zweifeln und auf die Frage nach dem Sinn so schwer eine Antwort finden, die uns den Weg zu einem frohen, erfüllten, sinnvollen Leben zeigen könnte?

Für mich ist es wichtig zu glauben, dass wir nicht zufällig in die Welt gekommen sind, sondern dass wir mit unserem Leben auf eine Erwartung zu antworten haben, die jeder von uns sein ganzes Leben lang je neu entdecken muss. Wir müssen sie neu entdecken, weil nicht nur wir selbst uns ändern sondern auch unsere Umwelt. Jeder Mensch ist einmalig und darum kann keiner den anderen vertreten oder nachahmen, ihm auch nicht sagen, wer er zu sein hat.

Die Enttäuschung des kleinen Prinzen über seine Rose hat einen ähnlichen Grund. Der Fuchs rät dem enttäuschten Prinzen, noch einmal die 5000 Rosen anschauen zu gehen: *Du wirst begreifen, dass die deine einzig in der Welt ist*, nennt er ihm als Grund. Diese Weisheit gilt auch für jeden von uns. Wir sind einzig, einmalig. Nur scheint uns das unglaublich zu sein und darum versuchen wir, es nicht gelten zu lassen. Aber vielleicht sollten auch wir uns noch einmal anschauen, um zu erkennen, dass es einen Grund gibt für unser Hier-sein und damit den Sinn in unserem Leben.

Yasunari verstand auch den Schrei des kleinen Prinzen auf dem Berg: *Ich bin allein!* Auch wenn ihn Freunde besuchten und ihm Mut zusprachen, mit seiner Krankheit musste er *allein* kämpfen. Seine Schmerzen musste er *allein* ertragen. Dennoch wünschte er, jemanden neben sich zu haben, der ihm zuhören konnte. Sein Wunsch ging in Erfüllung. Eine Kommilitonin half ihm, wenn er Hilfe brauchte. Sie war bis zu seinem Tod bei ihm. Diese Freude, nicht allein zu sein, gab ihm die Kraft, seine Krankheit und sein Sterben anzunehmen.

Das sehr traurige Urteil der Schlange, dass man auch bei den Menschen allein ist, hat für ihn nicht mehr gegolten.

Ist unsere moderne Medizin, die so viel Gutes tut, auch fähig, unseren kranken Mitmenschen das Alleinsein zu ersparen? Nicht durch Medikamente, sondern durch Menschen, die sich die Zeit nehmen, sie mit den kranken Menschen zu leben. Auch Ärzte und Krankenschwestern sollten schwerkranke Menschen nicht in Einzelzimmer abschieben und allein lassen müssen. Die letzten Stunden eines Menschenlebens sind mindestens genauso wichtig wie die Zeit, die Ärzte und ihre Helfer für die Behandlung der Krankheit aufbringen. Der Kranke vertraut ihnen. Sie schenken ihm nicht nur ihre Zeit, sondern stärken seine Hoffnung und Zuversicht auch im Sterben.

Die Stunden, die ich Yasunari am letzten Nachmittag seines Lebens habe schenken dürfen, haben ihm und mir selbst geholfen, sein Sterben anzunehmen. Seine Mutter sagte mir, dass Yasunari in der letzten Nacht sehr gesammelt und ruhig gewesen ist. Am frühen Morgen ist er friedlich eingeschlafen.

Als der kleine Prinz über die Echostimmen nachdenkt, sagt er den Menschen noch ein Wort, das auch wir bedenken sollten. *Den Menschen fehlt es an Fantasie. Sie wiederholen, was man ihnen sagt.* [11] (S. 64)

Sein Eindruck bestätigt sich überall in unserem Alltag. Den Einfluss, den die Medien auf unser Denken und Urteilen haben, können wir kaum verneinen. Wir brauchen dafür nicht an die Propaganda der Diktaturen zu denken. Dass wir vieles von dem, was täglich auf uns herabrieselt oder in den Ohren dröhnt und den Augen wehtut, unbedacht wiederholen, ist leider oft zu wahr.

Der kleine Prinz wandert weiter und steht plötzlich vor einem *Rosengarten*, in dem fünftausend Rosen blühen. Alle schauen sie aus wie *seine* Rose. Aber statt sich über ihre Schönheit zu freuen, fühlt er sich betrogen. Sie ist also nicht die einzige Rose in dieser Welt wie sie ihn glauben ließ. Diese Einsicht und seine kniehohen Vulkane, ja sein ganzer Planet enttäuschen ihn maßlos.

Und er warf sich ins Gras und weinte.

Die Weisheit des Fenek

In diesem Augenblick erschien der Fuchs. Es ist kein gewöhnlicher Fuchs. Es ist der Fenek, der Wüstenfuchs. Seine Weisheit hat Saint-Exupéry bewundert und in *Wind, Sand und Sterne* geschildert.

Wovon leben diese Tiere (die Wüstenfüchse, die er beobachtete) in der Wüste? Zweifellos handelte es sich um den Fenek, dieses hasengroße, fuchsartige Raubtier mit den Riesenohren. Ich konnte meinem Wissensdurst nicht widerstehen und folgte den Spuren von einem dieser Tiere. Sie führten mich in ein enges Sandtal, in dem jeder Schritt deutlich abgedrückt war. Ich bewunderte das hübsche Palmenmuster, das drei fächerförmige Zehen hinterlassen hatten. ... Schließlich kam ich sogar an den Vorratsspeicher dieser Wüstenfüchse. Kaum über den Sand hinaus erhoben sich alle hundert Schritte kleine, dürre Bäumchen von der Größe einer Suppenschüssel, deren Zweige mit kleinen goldgelben Schnecken besetzt waren. Der Fenek war dort einholen gegangen, und ich stieß auf eines der geheimnisvollen Wunder der Natur. Mein Fenek blieb nicht etwa vor jedem Baum stehen. Manche ließ er links liegen, obwohl sie von Schnecken wimmelten. Andere umging er scheu. An andere wiederum machte er sich heran, aber ohne sie leerzufressen. Zwei bis drei Schnecken entnahm er ihnen und zog dann ein Wirtshaus weiter. Warum handelten die Feneks so?

... Wenn der Wüstenfuchs sich am ersten Baum sattfräße, wäre in zwei oder drei Mahlzeiten die ganze lebende Last heruntergeholt. ... Aber der Fenek hütet sich, den Nachwuchs zu stören. Er holt sich jede seiner Mahlzeiten von hundert solcher brauner Stauden. Ja, er tut noch mehr: er nimmt nie zwei benachbarte Schnecken vom gleichen Zweig. Er handelt wie in vollem Bewusstsein der Gefahr. Fräße er nach seinem Hunger, stürben die Schnecken aus, und wenn die Schnecken verschwunden wären, hätte es auch mit den Feneks ein Ende. (dtv Bd.1; S. 298)

Der weise Fenek beginnt gleich damit, die Missverständnisse des enttäuschten Prinzen auszuräumen. Zunächst muss sich der kleine Prinz sagen lassen, dass man sich erst *vertraut machen* muss, bevor man mit jemandem *spielen* kann. Er warnt ihn aber auch, dass nichts beim Alten bleibt, wenn man sich vertraut gemacht hat. Auch für sie beide wird sich alles ändern. Sie werden einander brauchen. Sie werden für einander einzig sein in dieser Welt. Sogar die Natur wird in einem neuen Licht erstrahlen. Das Gold der Weizenfelder wird ihn an den Freund erinnern. Er wird das Rauschen des Windes im Getreide liebgewinnen.

Der kleine Prinz möchte zwar diese Freude mit dem Fuchs teilen, aber er hat nicht viel Zeit, sagt er ihm. Er muss Freunde finden und viele Dinge kennenlernen. Der Fenek sagt dem lerneifrigen Studiosus klar und deutlich, dass man *Freundschaft* und *Liebe* nicht fertig kaufen kann. Man kann sie nur mit Geduld und Zeit und nach Regeln *schaffen*, man muss sich eben *vertraut machen*.

Die Weisheit des Fenek könnte auch uns die Augen öffnen. Nehmen wir uns denn Zeit für einander und vor allem für uns selbst? Dieser Gedanke scheint nicht mehr in unseren Alltag zu passen. Vielleicht müssen wir erst wieder lernen, mit uns selbst *vertraut* zu werden, bevor wir auf einen anderen Menschen zugehen können. Um das zu lernen brauchen wir aber *Zeit*.

Michael Ende erzählt in seiner Geschichte von *MOMO, wie sich eine ganze Stadt entschließt, Zeit zu sparen*, obwohl niemand weiß, warum oder wofür. Sie erleben die Antwort sehr bald. Die Menschen werden einsamer, unverträglicher, liebloser, ärmer. Die Kinder können auf einmal nicht mehr spielen. Und weil die Eltern keine Zeit für ihre Kinder haben, geben sie ihnen mehr Taschengeld, um sie loszuwerden.

Woher kommen unsere *Zeitkrankheiten* wie zum Beispiel das Burnout-Syndrom? Was macht uns krank obwohl es uns doch recht gut gehen könnte.

Ein Bekannter aus Tokio hat mir folgendes erzählt. Ein pensionierter Grundschullehrer hat in einem Zimmer seines Hauses eine kleine Bibliothek, ein Lesezimmer für Kinder, eingerichtet. Da viele Kinder auf dem Heimweg von der Schule an seinem Haus vorbeikamen, besuchten sie ihn fast jeden Tag, bis er eines Tages vergeblich auf ihren Besuch wartete. Als er einige seiner kleinen Freunde fragte, warum sie nicht mehr kämen, gestanden sie ihm, dass sie ja kommen möchten, aber keine Zeit hätten. Nach der Schule hätten sie Klavierstunde, Privatunterricht, und der Nachhilfelehrer käme, erklärten sie ihm. Aber irgendwann werdet ihr doch ein bisschen Zeit haben, meinte der alte Lehrer. Das schon, aber dann schlafen wir.

Sogar Kinder sind von der Zeitkrankheit der *großen Leute* angesteckt. Familien leiden an ihr. Väter opfern ihre Zeit für die Firma. Nicht nur weil sie Überstunden machen. Manchmal weil sie mit dem Chef am Sonntag Golf spielen müssen. Frau und Kinder hoffen zu Hause, dass der Vater noch vor dem Schlafengehen heimkommt. Oft vergebens.

Zeit für sich haben viele Menschen nur noch, wenn sie krank geworden sind. Dass dann aber das sauer verdiente Geld wie Schnee in der Sonne schmilzt und Kuren oder andere Heilmethoden mehr Zeit verschlingen als uns lieb ist, könnten wir uns früher eingestehen und danach handeln, indem wir uns *Zeit für uns* verschreiben.

Wenn ich an meine Schulzeit zurückdenke, wundere ich mich, wie viel Zeit ich hatte. Jeden Tag holte ich für meine Kaninchen mit Sense und Rechen und einem kleinen Leiterwagen Futter von der Wiese. Stundenlang las ich *Karl May*. Abends ging ich oft mit dem Förster auf Pirsch und beobachtete Hochwild. Fernsehen gab es noch nicht. Doch Langeweile hatte ich nie, aber viel Zeit hatte ich für mich.

Über das Thema *Zeit* spricht Saint-Exupéry noch zweimal in den beiden kurzen Gesprächen des kleinen Prinzen mit dem *Weichensteller* und dem *Pillenverkäufer*. Auf die Frage des kleinen Prinzen, was man mit der gesparten Zeit machen kann, sagt der Pillenverkäufer ihm einfach: was man will. Er spricht von *Muße. Sie ist die Zeit für mich.* Sie ist die Zeit ohne den Druck, etwas leisten zu müssen.

In Japan ist es problematisch, von *Zeit für mich* zu sprechen. *Arbeiten ist für uns Japaner eine Tugend*, belehrte mich Yasunari. Bis vor einigen Jahren gehörte es sich nicht, Urlaub zu nehmen. Das hat sich geändert. Jetzt nehmen Beamte und Angestellte Urlaub, aber mit der Familie verreisen, das können nicht alle. Und wer es sich leistet, tut es höchstens 10 Tage lang. Die Reisebüros haben sich dem neuen Lebensstil angepasst und bieten Zehn-Tage-Touren nach Europa an.

Auf einer unserer Studentenfahrten nach Deutschland trafen wir einmal auf dem Rückflug mit einer Reisegruppe von Angestellten zusammen und kamen mit den Männern ins Gespräch. Sie erzählten den Studenten strahlend, dass sie sieben Länder während ihres Urlaubs besucht haben. Die Studenten machten lange Gesichter. Sieben Länder in zehn Tagen? Und wir sind fünf Wochen nur in Deutschland gewesen, beklagten sie sich bei mir!

Der Fenek will seinem jungen Freund zum Abschied ein Geschenk machen. Er nennt es *sein Geheimnis*. Als weiser Lehrer schickt er den traurigen Prinzen aber noch einmal in den Rosengarten. Der kleine Rosenkavalier findet jetzt Worte, mit denen er den 5000 Rosen erklärt, wie sehr sie sich von seiner Rose unterscheiden: Durch alles, was er für sie getan hat, ist sie *seine Rose* geworden.

Hier ist mein Geheimnis, sagt der Fenek dem Freund, als er von seiner Rosenschau zurück-kommt. Es ist ganz einfach: *Man sieht nur mit dem Herzen gut. Das Wesentliche ist für die Augen unsichtbar. ... Die Zeit, die du für deine Rose verloren hast, sie macht deine Rose so wichtig. ....*

Die Menschen haben diese Wahrheit vergessen. ...

Du bist zeitlebens für das verantwortlich, was du dir vertraut gemacht hast.

Yasunari fragte mich, wie er sich das Sehen mit dem Herzen vorstellen sollte? *Meint der Fenek nur, dass man das, was man im Herzen erkennt, mit den Augen nicht sieht? Das würde ich verstehen. Niemand kann mit den Augen Vertrauen, Liebe, Glaube, Freude mit den Augen sehen. Diese geistigen Kräfte halte auch ich für das Wesentliche in meinem Leben.*

Obwohl ich blind bin, möchte ich trotzdem vieles mit den Augen sehen. Ich möchte zum Beispiel sehen, wie hübsch meine Freundin ist, oder wie sie angezogen ist. Ich kann aus ihrer Stimme zwar spüren, dass sie freundlich und einfühlsam ist, gesund und froh, und mein Herz sagt mir, dass ich sie mag, dass auch sie mich gern hat. Obwohl ich blind bin, wünsche ich mir aber doch, sie auch mit den Augen sehen zu können.

Ich meine, dass zum Gut-Sehen-mit-dem-Herzen für uns Menschen sehr oft auch das Sehen mit den Augen gehört.

Ich glaubte zu verstehen, was Yasunari meinte. Wenn wir lieben und vertrauen, sind wir ganz, als Mensch mit Leib und Herz, dabei. Unser Gegenüber erlebt unsere Liebe und unser Vertrauen ebenso als ganzer Mensch. Ohne sichtbare *Zeichen* würden sich sogar Liebe und Vertrauen nur schwer dem anderen mitteilen.

Beim Abschied vom kleinen Prinzen entschuldigt sich die Rose dafür, dass er nicht verstanden hat, dass sie ihn liebt. Erst im Gespräch mit dem Piloten erkennt auch der kleine Prinz, was die Rose meinte, als sie ihm sagte, dass auch er dumm war. Er hat die *Zeichen* ihrer Liebe nicht erkannt. *Ich hätte sie nach ihrem Tun ... beurteilen sollen. Sie duftete und glühte für mich.* Der kleine Prinz meint, dass es daran liegt, dass er wirklich zu jung war, um lieben zu können.

Auch wenn *Worte* nicht immer *das Wesentliche* sind, brauchen wir sie doch, wenn wir einander mitteilen möchten, dass wir lieben, vertrauen, glauben und uns freuen. Diese Worte wären jedoch nur Schall und Rauch wenn sie nicht von Herzen kämen.

Antoine und Consuelo genügten Worte und Zeichen manchmal nicht, um sich ihre Liebe mitzuteilen. Worte waren für beide oft *die Quelle von Missverständnissen.* Dennoch konnten sie ihre Liebe nur schwer auf andere Weise ausdrücken.

Paul Webster berichtet, wie Consuelo die Worte Antoines missverstanden hat. Antoine hatte zwei Tage vor seiner Abreise aus Amerika im April 1943, nach einer Auseinandersetzung mit seiner Frau wegen ihrer maßlosen Ausgaben für Kleider, an sie einen kurzen Brief geschrieben. *Ich glaube, Du wirst ohne mich glücklicher sein, und ich denke, ich werde meinen Frieden im Tod finden.* (S. 294) Consuelo hat sein Geständnis missverstanden. Sie sagte ihren Freunden, dass ihr Mann alles tun würde, um sie loszuwerden.

Antoine fühlte und dachte anders. Öfter als einmal hat er Consuelo gestanden, dass er sie brauche, dass sie ihn inspiriere, dass er sie in alle Ewigkeit lieben werde. In einem anderen, seinem letzten Brief an Consuelo, schrieb er: *Consuelo, aus ganzem Herzen danke ich Dir dafür, dass Du Dir solche Mühe gegeben hast, meine Gefährtin zu bleiben. Jetzt bin ich im Krieg und auf diesem riesigen Planeten völlig verloren. Ich habe nur einen Trost, einen Stern, der das Haus erleuchtet. Petit poussin, halte Du es rein.* (S. 308)

Worte können missverstanden werden. Aber auch Zeichen können übersehen oder missdeutet werden. Dennoch können wir uns *auch das Wesentliche* nicht anders mitteilen als durch Zeichen und Worte.

Der Fenek sagt seinem gelehrigen Freund noch etwas, was viele von uns vergessen haben. *Die Zeit, die du deiner Rose geschenkt hast, sie macht deine Rose für dich so wichtig.*

Als ich im Krankenhaus lag, erzählte mir Yasunari, *habe ich mich über jeden Besuch und viele Gespräche und Geschenke gefreut. Als ich diesen Satz des Fenek hörte, ging mir ein Licht auf. Ich habe mich für unsere Unterhaltungen und für die Geschenke meiner Freunde bedankt, aber für die Zeit, die sie mir geschenkt haben, habe ich zu danken vergessen. Doch der Fenek sagt, dass gerade die Zeit, die wir Menschen schenken, das Maß unserer Liebe ausdrückt.*

Ich glaube, dass wir uns zu wenig die große Bedeutung der Zeit in unserem Leben, besonders bei Begegnungen mit anderen Menschen, bewusst machen. Auch bei allem, was wir erleben, ist keine Minute unseres Lebens wiederholbar. Die Zeit, in der wir leben, arbeiten und lieben, ist nicht aufzuhalten, sie ist vergänglich, aber sie ist kostbarer als Gold.

Eheleute und Eltern sind manchmal von ihrer Arbeit so eingenommen, dass es scheint, als sei ihnen Geld wichtiger als die Zeit, die sie ihrem Partner oder ihrem Kind schenken sollten. Oft ist das nicht so. Aber leider können sich viele Menschen nicht aus den Sklavenketten der Arbeit befreien, auch wenn sie traurig sind, dass sie durch ihr Geldverdienen unwiederbringlich mehr verlieren, als sie gewinnen.

Im Krankenhaus kamen der Arzt und auch die Krankenschwestern regelmäßig zur Visite an mein Bett. Ich habe manchmal gedacht, wie viel mehr ich mich freuen würde, wenn der Arzt oder die Krankenschwester nicht nur zum Pulsfühlen oder Blutdruckmessen an mein Bett kämen, sondern einfach, um ein paar Minuten bei mir zu sein. Ich glaube, dass viele Patienten so fühlen. Wenn Ärzte und Krankenschwestern diese kurze Zeit ihrer Visiten dem Patienten einfach schenken könnten, ohne etwas zu tun, wäre das sicher eine sehr gute Medizin. Der Kranke würde vielleicht nicht an seine

Krankheit denken, sondern sich darüber freuen können, dass sie ihm ihre kostbare Zeit schenken.

Wie vieles in seinem Märchen, so hat auch Saint-Exupéry erfahren, dass die *Zeit* sogar das Maß seiner Liebe zu Consuelo war. Stacy Schiff erzählt eine Episode aus seinem Leben, die beschreibt, wie ehrlich Antoine Consuelo geliebt hat. Als sie eines Tages von einem Dieb überfallen worden war, *wich Antoine achtundvierzig Stunden nicht von Consuelos Bett. Er konnte weder essen noch schlafen, es war ihm plötzlich klar geworden, dass er nicht weiterleben könnte, wenn ihr etwas zustieße. Sie hatte ihre Fehler, aber sie war seine Frau, und er fühlte sich verantwortlich für sie wie ein Kapitän für sein Schiff*, gestand er Silvia Reinhardt, die ihm sehr viel Zeit geschenkt hat, als er im Exil in Amerika lebte. (S. 561)

Der Weise der Wüste scheint zu wissen, wie wichtig die Zeit für jede unserer Begegnungen ist. Aber noch ein anderes Wort legt er dem kleinen Prinzen ans Herz: *Du bist zeitlebens für das verantwortlich, was du dir vertraut gemacht hast.* Und der kleine Prinz pflichtet ihm bei: *Ich bin für meine Rose verantwortlich.* Um diese Verantwortung für seine Rose willen kehrt er, wenn die Zeit gekommen ist, zu ihr zurück.

Für den kleinen Prinzen ist diese Mahnung des Fenek der Grund, den er seinem Freund für seinen Abschied von ihm nennt. Er versucht, ihm diesen Abschied leicht zu machen, aber seine Verantwortung für seine Rose lässt ihm keine Wahl:

Er kehrt auf seinen Planeten und zu seiner Rose zurück.

Wandel und Heimkehr

Im vierundzwanzigsten Kapitel spricht der Pilot wie viele *große Leute* sprechen würden, wenn sie in seinen Schuhen steckten. Er schätzt seine Lage ganz realistisch ein. An Heimfliegen kann er nicht denken, weil er den Motor seines Flugzeuges noch nicht repariert hat. Wasser hat er auch keines mehr. Für ihn sind die Erinnerungen des kleinen Prinzen an einen Fuchs Träume, die nichts bringen. Um zu überleben, braucht er jetzt vor allem Wasser.

Der kleine Prinz versteht ihn. Und er weiß, was zu tun ist. Er geht den Brunnen suchen, den die Wüste birgt. Und der Pilot folgt dem Träumer zu einem Brunnen, den es nicht geben kann.

Für den kleinen Prinzen löscht Wasser nicht nur den Durst, es kann auch gut sein für das Herz, sagt er ganz nebenbei. Für die *großen Leute* klingt das genauso unverständlich wie die träumerischen Worte von Blumen, die man nicht sieht, die aber die Sterne schöner strahlen lassen oder von verborgenen Brunnen, die die Wüste schön machen.

Während der Pilot dem kleinen Träumer zuhört, erinnert er sich an seine Kindheit. Was er schon vergessen hatte, wird wieder lebendig. Er stimmt dem kleinen Prinzen zu: alle Dinge bergen ein unsichtbares Geheimnis, das ihre Schönheit ausmacht. Man muss es nur sehen lernen. In jedem Menschen liegt ein Schatz verborgen. Nur suchen sie ihren Schatz am falschen Ort und sind enttäuscht, wenn sie ihn nicht finden.

Wenn Eltern und Lehrer um diesen Schatz wüssten und ihn mit dem Kind zu entdecken suchten, würden die Kinder vor Freude strahlen und Eltern und Lehrer könnten sich die vergebliche Mühe sparen, dem Kind diesen Schatz anerziehen zu wollen.

Nach der Meditation über die Schönheit der Sterne, die an eine unsichtbare Blume erinnern und einen verborgenen Brunnen, der die Wüste schön macht, ist der kleine Prinz eingeschlafen. Der Pilot nimmt ihn auf seine Arme und trägt ihn zu dem Brunnen, von dem er meinte, dass es ihn nicht geben kann. In diesem Augenblick gehen ihm die Augen auf und er sieht seinen kleinen Freund anders als bisher. *Was ich da sehe, ist nur eine Hülle. Das Eigentliche ist unsichtbar. ... Was mich an diesem kleinen eingeschlafenen Prinzen so sehr rührt, ist seine Treue zu seiner Blume, ist das Bild einer Rose, das ihn durchstrahlt wie die Flamme einer Lampe, selbst wenn er schläft. ... Und während ich so weiterging, entdeckte ich bei Tagesanbruch den Brunnen.* (S. 76)

Als der kleine Prinz die Rolle knarren hört, über die das Seil läuft, an dem der Kübel zum Wasserschöpfen hängt, lacht er und sagt zu seinem Freund: *wir wecken diesen Brunnen auf, und er singt.*

... Ich habe Durst nach diesem Wasser. ... Gib mir zu trinken, bittet er den Piloten. Der kleine Prinz trinkt mit geschlossenen Augen. Plötzlich verstand der Pilot die geheimnisvollen Worte des kleinen Prinzen. Dieses Wasser war etwas ganz anderes als ein Trunk. Es war gut für das Herz. Der lange Marsch unter dem Sternenhimmel und seine Mühe beim Wasserschöpfen haben es in ein Geschenk verwandelt. Solche Verwandlungen gab es auch in seiner Kindheit, erinnert er sich: *Die Lichter des Christbaums, die Musik der Weihnachtsmette, die Sanftmut des Lächelns (machten) den eigentlichen Glanz der Geschenke aus, die ich erhielt*, erinnert er sich. Der Pilot ist nicht mehr einer von den *großen Leuten*. Er hat das Herz seiner Kindheit wiederentdeckt. Er hat den *Schatz* gefunden, den er schon lange gesucht hatte. Aber er hatte ihn am falschen Ort gesucht. [12]

Was wir suchen, sind nicht 5000 Rosen in einem Garten. Was wir suchen, finden wir in einer einzigen Rose und in einem Becher Trinkwasser, wenn wir die Dinge mit dem Herzen sehen.

Es ist die *Freude*, für die wir geboren sind. Wir haben diese Freude schon immer als *Schatz* im Herzen getragen. Dennoch müssen wir ihn immer wieder suchen. Dieser Schatz ist die Wahrheit unseres Lebens.

Für den Menschen gibt es nur eine Wahrheit, schrieb Saint-Exupéry, das ist die, die aus ihm einen Menschen macht. [13] (WSS; S. 331)

Der Pilot hat *seine* Wahrheit auf dem langen Weg durch die Wüste endlich gefunden. Oder ist sie ihm geschenkt worden?

Am Anfang des sechsundzwanzigsten Kapitels hat Saint-Exupéry den kleinen Prinzen noch einmal gezeichnet. Er sitzt auf einer Mauer mit angezogenen Beinen, so als hätte er Angst vor der Schlange, die er hoch aufgerichtet am Fuß der Mauer sieht. Es ist die Schlange, die alle Rätsel lösen kann. Ihr Biss wird dem kleinen Prinzen den Heimweg zu seiner Rose möglich machen. Sein Abschied von dieser Erde ist der Augenblick, in dem das letzte Rätsel der Schlange gelöst wird.

Der kleine Prinz springt von seinem Hochsitz herunter, direkt in die Arme des Piloten. Als der kleine Prinz ihm die Arme um den Hals legt, hört er sein Herz klopfen. Es klopft wie das eines sterbenden Vogels. Er spürt *die Angst* des kleinen Freundes. Der aber bekennt ihm sogleich: *Ich werde heute Abend noch viel mehr Angst haben.*

Wovor aber hat der kleine Prinz Angst? Er sagt doch, dass er nach Hause zurückkehrt. Er wird seine Rose wiedersehen, die ihn liebt, die er liebt, für die er sich verantwortlich fühlt. Wovor hat er also Angst, fragte Yasunari.

Der kleine Prinz fürchtet sich, glaube ich, vor dem Sterben.[14] Darum hat er ja die Schlange gefragt, ob ihr Gift ihn nicht lange leiden lassen wird. Er weiß, dass seine Zeit gekommen ist. Den

Piloten erinnert er noch einmal an ihr Gespräch über das, was man nicht sieht, was aber wichtig ist: Die Blume, die die Sterne schön macht, das Wasser aus dem Brunnen, das ihm der Pilot zu trinken gab. Er spricht auch von den Sternen, die seine Freunde sein werden. Er möchte seinem Freund den Abschied leichter machen. Deshalb bittet er ihn auch, diese Nacht nicht zu kommen. *Es wird so aussehen, als wäre ich krank ... ein bisschen als stürbe ich. Das ist so. Komm nicht das anschauen, es ist nicht der Mühe wert.* Aber was der kleine Prinz auch sagt, dreimal wiederholt der Pilot, dass er ihn nicht verlassen wird.

In der Nacht macht sich der mutige Prinz allein auf den Weg.

Doch als der Pilot ihn einholt, ergreift er dankbar seine Hand.

Auch wenn wir meinen, dass wir bereit sind, dem Tod entgegenzugehen, greifen wir gern nach der Hand eines Menschen, dem wir vertrauen. Seine Hand schenkt uns die Hoffnung, die uns vor dem Verzweifeln in der Einsamkeit des Todes schützt. Kein Mensch lebt allein und keiner sollte in unserer Menschenwelt allein sterben müssen.

Es ist schade, sagte Yasunari, *dass Ärzte und Krankenschwestern sich manchmal nicht die Zeit nehmen können, am Bett des Patienten zu bleiben, bis seine Zeit gekommen ist. Ihre Hand würde ihm nicht nur die Angst nehmen, sondern ihm sein Vertrauen auch im Sterben bewahren. Jeder von uns stirbt allein. Aber wir sollten uns dabei nicht einsam und verlassen fühlen müssen. Die Medizin lindert meine Schmerzen, aber die Hand meiner Freundin gibt mir Vertrauen und Hoffnung. Für beides bin ich dankbar.*

Ich glaube, dass man das Sterben mit einem vertrauenden Herzen sehen muss, um es gut zu sehen. In Japan vermeidet man es, über den Tod zu sprechen. Früher vermied man in Krankenhäusern und Hotels die Zimmernummer vier. Denn vier liest man shi, aber shi heißt auch Tod. Ich meine fast, dass wir uns schämen, wenn die Rede auf das Sterben kommt. Aber Sterben ist keine Schande. Weder für den Sterbenden noch für den Arzt, der den Patienten nicht heilen kann. Sterben ist Teil unseres Lebens. Auch unsere Angst vor dem Tod ist keine Schande. Schließlich wissen wir ja nicht, was danach ist, auch wenn wir hoffen, dass nicht der Tod das letzte Wort über unser Leben hat.

Während ich Yasunari zuhörte, erinnerte ich mich an das Sterben meines Großvaters. Er starb auf seinem Bauernhof, in seinem Schlafzimmer. Als die kleine Glocke auf dem Glockentürmchen am Dorfweg läutete, kamen die Bauern mit ihren Frauen und Kindern ins Zimmer. Aber nicht, um zu beten (das taten wir später), sondern um ihre Erinnerungen zu erzählen, die sie mit meinem Großvater verbanden. Es wurde viel gelacht. Auch wenn Tränen die Wangen herunter liefen.

In seinem Roman *Flug nach Arras*, schreibt Saint-Exupéry in einem kurzen Abschnitt, was ihn der Krieg über Leben und Tod gelehrt hat: *Wenn man ...*

zu mir kommt und von mir verlangt, ich solle für bestimmte Interessen und Zwecke sterben, dann weigere ich mich zu sterben. Mein Interesse verlangt zunächst, dass ich lebe. Welche überquellende Liebe würde meinen Tod vergelten? Man stirbt für ein Heim. Nicht für Möbel und Mauern. Man stirbt für einen Dom. Nicht für Steine. Man stirbt für ein Volk. Nicht für eine Menge. Man stirbt aus Liebe zum Menschen, wenn er der Schlussstein im Gewölbe einer Gemeinschaft ist. Man stirbt für das allein, aus dem man leben kann. (dtv Bd. 1; S. 481)

In *Wind, Sand und Sterne* ist in einem Satz zusammengefasst, was Antoine erfahren hat: *Was dem Leben Sinn verleiht, gibt auch dem Sterben Sinn.* Und er erzählt von einer Begegnung mit einer Familie, die einen lieben Menschen verlor und dennoch weiterlebte: *Jedes Leben zerspringt wie eine Schote, die ihre Körner abgibt. ... Einst stand ich drei Bauern zur Seite, die am Totenbett ihrer Mutter versammelt waren. Gewiss, es war schmerzlich. Zum zweiten Male wurde die Nabelschnur zerrissen; zum zweiten Male löste sich ein Band, das eine Generation an die folgende knüpft. Die drei Söhne entdeckten, wie allein sie plötzlich auf der Welt standen. Sie mussten umlernen. Der Familientisch war gelöst, der selbstverständliche Treffpunkt aller an Festtagen fehlte, denn die Achse war weggenommen, um die sich alles sammelte. Aber zugleich machte ich doch die Entdeckung, dass das Leben zum zweiten Male geschenkt werden kann. Jeder der Söhne war nun selbst ein Sippenhaupt bis zu der Stunde, wo er das Amt an die*

kleine Schar, die jetzt schon draußen auf dem Hof spielte,
weitergeben durfte. ... Darum schien mir in der Glocke
des kleinen Dorfes, die am Abend den Tod der Bäuerin
einläutete, nichts von Jammer und Verzweiflung zu
klingen, sondern nur stille und zärtliche Trauer. (dtv
Bd.1; S. 335 f)

Während ich über das Sterben und den Tod
nachdachte, erinnerte ich mich an meinen
ersten Besuch bei einer japanischen Töpferei.
Hellgraue Teeschalen, kleine und große flache
Tonteller, Vasen und andere noch ungebrannte
Töpferwaren standen auf langen Brettern zum
Trocknen aufgereiht. Jedes Stück war schon in
dieser Gestalt ein Kunstwerk. Aber als ich die
gleichen Meisterwerke wiedersah, nachdem
der Meister sie aus dem Brennofen heraus-
genommen hatte, sah ich erst ihre ganze Schönheit.
Auch wenn die Form einer Teeschale schon vor
dem Brennen gut gelungen war, der Meister war
erst zufrieden, als er sie in den Händen hielt,
nachdem sie die Hitze des Brennofens gut
überstanden hatte. Jetzt erst sah auch ich den Fluss
und die Farbtöne der Glasur, die die einmalige
Schönheit jedes Stückes ausmachen. Erst wenn der
Brennofen geöffnet wird, ist die Teeschale
vollendet. Vielleicht könnten wir unser Sterben als
die Zeit unseres Lebens verstehen, in der wir es
vollenden und den Tod als den Augenblick, da der
Brennofen geöffnet wird und wir die Einmaligkeit
unseres Lebens dankend erfahren.

Natürlich erklärt dieses Beispiel unser Sterben und unseren Tod nicht. Aber wie die Glut des Brennofens die Schönheit der Teeschale vollendet, so sollten wir in unserem Sterben und unserem Tod nicht allein das Leid und das Zerstörende fürchten, sondern über beide auch anders zu denken versuchen. Sterben und Tod machen unser Leben nicht sinnlos, sondern in beiden vollenden wir unser Leben. [15]

Begleiten wir den kleinen Prinzen auf dem letzten Stück seines irdischen Weges.

Die eigene Angst vor dem Sterben scheint er vergessen zu haben. Seine Sorge gilt nur noch seinem Freund. Er möchte nicht, dass *sein* Sterben *ihm* Schmerz bereitet. Er versucht ihm zu erklären, was geschehen wird und warum. *Ich kann diesen Leib da nicht mitnehmen. Er ist zu schwer. ... Er wird daliegen wie eine alte verlassene Hülle. Man soll nicht traurig sein um solche alten Hüllen.* [16]

Aber zu all diesen Trostversuchen schweigt der Pilot. Er sagt nicht, dass er den Prinzen versteht, er fragt nicht nach, er verneint die Worte seines Freundes nicht.

Ich schwieg, heißt es viermal.

Auf den letzten Seiten des Märchens wiederholt Saint-Exupéry die Worte lachen und Brunnen sehr oft. Als der Pilot den kleinen Prinzen lachen hört, sagt er, dass er dieses Lachen gern hört, dass es für ihn wie ein

Brunnen in der Wüste ist. Was will er damit ausdrücken, fragte Yasunari.

Lachen ist oft Ausdruck unserer Lebensfreude, vielleicht auch ein Zeichen unserer inneren Sicherheit oder Hoffnung, versuchte ich meine Antwort.

In Amerika soll ein von den Ärzten aufgegebener Krebspatient in seinem Zimmer stundenlang lustige Videos angeschaut und dabei laut gelacht haben. Bei einer späteren Untersuchung waren die Krebszellen verschwunden. Wie und was da geschah, das weiß ich allerdings auch nicht. Freude und Lachen jedenfalls machen unser Leben lebenswerter und leichter. Es lohnt sich, sich zu freuen und zu lachen – auch unser gesunder Körper wird es uns danken.

Ein Brunnen, Wasser, ist in der Wüste Synonym für Leben. Ich habe etwas von dieser Wahrheit erlebt, als ich in Israel war. Wir sind mit dem Bus von Jerusalem ans Tote Meer gefahren. Bevor wir abfuhren, hat der Fahrer sich vergewissert, dass alle von uns eine Flasche Wasser und Proviant für einen Tag mitgenommen hatten. Auf dem Weg durch die Bergwüste Negev habe ich verstanden, wie wichtig das war. Umgeben von kahlen Bergen wurde die Unterhaltung im Bus immer bedrückender. In dem Augenblick, als die ersten Palmen vor uns auftauchten, hallten Gespräch und Lachen der Mitreisenden wieder durch den Bus. Wir haben zwar keinen Brunnen gesehen, aber wo uns das frische Grün der Dattelpalmen entgegenstrahlte, zweifelte niemand, dass es dort einen verborgenen Brunnen gab.

Mein Versuch, auf Yasunaris Frage zu antworten, blieb ein Versuch. Ich freute mich aber, dass er weiterfragte.

Die letzte Frage, die er mir stellte, war, was Saint-Exupéry mit den fünfhundert Millionen Sternen, die Brunnen mit einer verrosteten Winde sind, sagen wollte und damit, dass alle Sterne dem kleinen Prinzen zu trinken geben werden.

Yasunari hat mit dieser Frage vielleicht auch seine eigene Unsicherheit zur Sprache gebracht. Beide ahnten wir ja, dass auch für ihn die Zeit heimzukehren bald kommen würde. Vielleicht hätte auch ich besser geschwiegen wie der Pilot. Auch Yasunari schwieg. Vielleicht ahnte er, dass auch ich die Antwort nicht wissen kann. Aber ich habe dennoch versucht, auf seine Frage meine Antwort zu finden.

Saint-Exupéry dichtete ein Märchen. Märchen erzählen von einer besonderen Welt, in der Kinder sich vieles vorstellen können. Sie erleben Freude darüber, dass die Guten belohnt und die Bösen bestraft werden, dass die, die gelitten haben, getröstet werden. Vielleicht erfahren die Kinder auch Vertrauen und Hoffnung, die ihnen helfen, ihr eigenes Leid zu ertragen. Wenn ein Kind den Tod seiner Mutter erlebt hat und fragt, wo denn die

Mutti jetzt ist, geben wir ihm eine Antwort, von der wir hoffen, dass sie das Vertrauen und die Hoffnung des Kindes nicht zerstört. Ich glaube auch nicht, dass jemand von den *großen Leuten* mit seiner Antwort das Kind belügen will, auch wenn sie ungenügend sein mag.

Johanna Spyri erzählt in einem ihrer Kinderbücher, wie der Tod der schwerkranken Nona ihre Freunde erschüttert hat und wie jedes Kind auf seine Weise um eine Antwort auf die Frage nach dem Warum dieses Leids eine Antwort sucht. Einer von Ihnen ist Fred, der Raupensammler. Lange spricht er mit seiner Tante und lernt, dass er ganz anders an die Nora denken muss. Die Tante will Freds Zimmer aufräumen und findet eine Schachtel mit einem toten Tier – wie sie meint. Sie zeigt sie Fred und sagt: Sieh, Fred, ich räume dir ein wenig auf, du hast hier ein ziemliche Unordnung, und Dinge, die keinen Wert haben, wollen wir nicht aufbewahren. In dieser Schachtel ist ein totes Tierchen, das werfe ich nun fürs erste fort. Die Tante ging ans Fenster mit der Schachtel.

Um 's Himmels willen, Tante, was willst du machen? schrie Fred auf und stürzte sich auf die Schachtel; das ist meine schönste Raume, das gibt ja den prachtvollen Totenkopf nachher, das ist der allerschönste Schmetterling mit der wundervollsten Zeichnung auf den Flügeln.

Ach, was noch gar, sagte die Tante, dies Tier hier ist ganz tot und bewegt sich gar nicht mehr, da ist ja alles fertig.

Aber Tante, weißt du denn gar nichts von der Geschichte der Raupe? Das ist schrecklich! rief Fred in großer Aufregung aus, die Schachtel so fest als möglich in seiner Hand haltend. Siehst du, hier liegt sie jetzt eingepuppt und ist ganz tot; und diese Hülle, die du siehst, ist auch tot, die wird nachher zurückgelassen. Aber siehst du, darunter, zu allerinnerst, ohne dass du es sehen kannst, ist doch etwas lebendig geblieben, denn auf einmal, wenn es Zeit ist, verlässt es diese Schale, denn die gehört nun nicht mehr zu ihm, und auf fliegt es mit schönen Flügeln und ist ein ganz neues, prächtiges Geschöpf.

Das kann ich aber nun wirklich nicht begreifen, Fred, sagte die Tante, wie es zugeht, dass ein Wurm, der immer an der Erde gekrochen hat, erst ganz tot daliegt und dann auf einmal schöne Flügeln hat und davonfliegt, als ein neues Geschöpf und den alten Leib, mit dem er an der Erde kriechen musste, zurücklässt. Kannst du das begreifen, Fred?

Nein, ich begreife es schon nicht, entgegnete Fred; aber es ist ja gewiss so, Tante, ganz gewiss, wenn man schon nicht begreift, wie das so sein kann.

Fred, sagte die Tante ernsthaft, wenn nun das Innerste, das in der Nora lebendig war, gerade so die tote Hülle verlassen hätte und aufgestiegen wäre zu fernen, schönen Höhen, um dort als ein neues, herrliches Wesen fortzuleben?

Fred wurde ganz nachdenklich. Daran habe ich gar nicht gedacht, sagte er dann. Jetzt muss ich ganz anders an die Nora denken. Die wird aber froh gewesen sein, so frei aufzufliegen, da sie doch so krank gewesen war in der ersten Haut! Aber gelt, Tante, du bist auch froh, dass du nun die Geschichte der Raupe so klar weißt, die ist doch sehr merkwürdig.

Gewiss ist sie, Fred. Man kann auch so gut daraus sehen, dass es Dinge gibt, die wir nicht begreifen und erklären können und die doch geschehen, die auch kein einziger Gelehrter noch ergründet hat. Darum, wenn du dann einmal ein Gelehrter wirst, Fred - und das kannst du schon werden in deinem Fach, wenn du so eifrig fort-fährst -, und du auf die unbegreiflichen Dinge stößest, dann sage dir nur jedes Mal demütig: Da ist etwas, das ich nicht erklären kann. Fred packte ganz andächtig seine eingepuppte Raupe wieder zusammen und schaute sie noch einmal lang und genau an, denn er musste jetzt erst recht über die Verwandlung nachdenken, die sich in dem Tierchen vollzog, während es ganz tot dalag. -

Die Geschichte von der Raupe und dem Schmetterling beantwortet die Frage nach dem Geheimnis des Todes nicht. Aber sie hilft Fred, anders über Noras Leben und ihren Tod zu denken.

Der Tot hat sie vom Leid ihres Lebens befreit. Und die Frau Doktorin sagt der traurigen Elsli: *Du musst dich trösten suchen und denken, wie wohl es der Nora nun ist, da sie gar nie mehr krank sein wird.* (J. Spyri; aus dem neunten Kapitel)

Auch Märchen lügen nicht. Sie erzählen nur von einer anderen Welt. Von einer Welt, die die Grenzen unseres Menschenverstandes übersteigt. Wenn Aschenputtel vom Baum, der am Grab seiner Mutter wächst, „Gold und Silber" erbittet, dann tut es das, weil es glaubt zu bekommen, worum es bittet. Und auf Aschenputtel fallen ein *golden und silbern Kleid herunter und mit Seide und Silber gestickte Pantoffeln.* So kann es dem Prinzen begegnen, der die „rechte Braut" auf sein Schloss heimführt. Für Aschenputtel sind all diese schönen Dinge Geschenke seiner Mutter. Aber das begreifen vielleicht nur Kinder und die *großen Leute*, die sich noch daran erinnern, dass sie Kinder gewesen sind.

Ich meine, dass auch Yasunari auf seine Weise beim Hören des *Märchens* vom kleinen Prinzen Hoffnung und Vertrauen erfahren hat. Als ich ihn am Nachmittag vor seinem Tod besuchte, habe ich auf seine Fragen und Zweifel nicht mehr geantwortet. Er litt unter Atemnot und musste sitzen. Leise sagte ich, was ich glaubte und er wiederholte meine Worte, soweit es ihm möglich war. Er hatte mich gefragt, ob er an Gott zweifeln darf. Ich hatte ja gesagt. Jetzt wiederholte er mit mir:

Gott liebt auch mich. Wir haben diese Worte sehr oft gesprochen.

Ich streichelte über seinen Rücken und bat ihn, nicht weiter gegen seine Krankheit zu kämpfen, sondern sein Leben den Ärzten anzuvertrauen. Gerade in diesem Augenblick kam eine Krankenschwester ins Zimmer und Yasunari fragte sie: *Schwester, kann ich ihnen mein Leben anvertrauen?* Die Schwester verstand und sagte mit klarer Stimme: Ja, Herr Kimoto. Wir sind bei Ihnen.

Ich gab Yasunari die Hand und ging hinaus. Es war unsere letzte Begegnung, unser Abschied.

Saint-Exupéry gibt uns zu den fünfhundert Millionen Brunnen und den Sternen, die dem heimgekehrten Prinzen zu trinken geben werden, keine Erklärung. Vielleicht vertraute er darauf, dass alle, die sein Märchen lesen, das Geheimnis vom Leben und Sterben des kleinen Prinzen verstehen und sich vielleicht auch in der Angst vor dem eigenen Sterben von der Hoffnung gestärkt erleben, mit der er seinen Freund Leon trösten wollte. In *Die Stadt in der Wüste* schreibt der Dichter dazu: *Du suchst nicht etwas, das du nicht kennst; du suchst die Voraussetzungen deiner Größe in dem Maße zu retten, indem du sie empfindest.* (dtv Bd. 2; S. 528)

Was wir suchen, ist Sinn und Hoffnung in einem Leben, das mit dem Tod zu enden scheint. *Alle Sterne werden mir zu trinken geben ... ich werde fünfhundert Millionen Brunnen haben*, tröstet der kleinen Prinz seinen Freund. Mehr sagt er uns nicht. In der Wüste genügt ein einziger Brunnen, Leben zu erhalten. Das wissen wir.

Das Märchen vom *Prinzen der Sterne* endet anders als die Märchen, die wir als Kinder gehört oder gelesen haben. Der Erzähler sagt uns im letzten Kapitel, dass der kleine Prinz auf seinen Planeten zurückgekehrt ist, und dass er es deshalb liebt, *des Nachts den Sternen zuzuhören. Sie sind wie fünfhundert Millionen Schellen.* Wenn er sich vorstellt, dass das Schaf die Blume nicht gefressen hat, *dann bin ich glücklich. Und alle Sterne lachen leise* (für ihn).

Hört er das Lachen, wie wir jemanden lachen hören? Sicher nicht. Aber er erlebt die Freude, die der kleine Prinz ihm versprochen hat: *Wenn du bei Nacht den Himmel anschaust, wird es dir sein, als lachten alle Sterne, weil ich auf einem von ihnen wohne, weil ich auf einem von ihnen lache. Du allein wirst Sterne haben, die lachen können.* (S. 84)

Der Pilot erzählt uns das Ende seiner Erinnerung an den kleinen Prinzen anders, als wir es vielleicht erwartet haben. Er sah nur den gelben Blitz der Schlange bei seinem Knöchel, und wie der Prinz der Sterne sachte, wie ein Blatt ohne das leiseste Geräusch in den Sand fiel.

Das ist alles.

Unsere deutschen Märchen enden gewöhnlich mit Worten von Glück und Freude. Der Prinz und die Prinzessin heiraten, der Frosch verwandelt sich in einen schönen Prinzen und führt die Prinzessin heim, Hänsel und Gretel gehen reich beschenkt nach Hause. *Und sie lebten glücklich bis an ihr Ende.* Anders als das Märchen vom Prinzen der Sterne erzählen uns diese Märchen nichts über den Tod oder darüber, ob oder wie es danach weitergeht. Den kleinen Prinzen hört der Pilot lachen, wenn er die Sterne anschaut. Wer lacht, lebt. Mehr kann uns unser Verstand nicht sagen.

Vielleicht müssen auch wir die Sterne anschauen und still werden, um das Geheimnis unseres Lebens zu ahnen. Leider begreifen die *großen Leute* Geheimnisse nur schwer. Kinder, die wissen, was das Leben eigentlich ist und die *großen Leute*, die sich erinnern, dass sie einmal Kinder gewesen sind, werden auch das Geheimnis von der Heimkehr des kleinen Prinzen zu seiner Rose, die er liebt und für die er sterben kann, verstehen. (S. 71) Liebe stirbt nicht. Vielleicht können wir dieses Geheimnis mit dem Herzen sehen.

Nachwort

Märchen fallen nicht vom Himmel

Ende 1940 entschloss sich Saint-Exupéry, Frankreich zu verlassen. Silvester legte das Schiff in New York an. Er wollte bei diesem zweiten Besuch die Amerikaner davon überzeugen, dass sie sich am Kampf gegen die Nazis beteiligen müssten. Saint-Exupéry war in Amerika kein Unbekannter. Sein Buch *Wind, Sand und Sterne* hatte den Romanpreis der Académie française erhalten und wurde in den Vereinigten Staaten als Buch des Monats zum Bestseller. Bei seinem ersten kurzen Aufenthalt in den Vereinigten Staaten (im Sommer 1939) hatte sich der ruhmreiche Schriftsteller von diesem Erfolg überzeugt.

Ein halbes Jahr später bestärkte ein Telegramm der Verleger seinen Entschluss, noch einmal nach Amerika zu reisen. Man bat ihn, für sein Buch zu werben und verhandelte über einen Vorschlag zu einem Buch über die Schlacht um Frankreich (*Flug nach Arras* erschien 1942). Saint-Exupéry wollte diese Gelegenheit dazu benutzen, Amerika für Europa zu interessieren und sich im Kampf gegen die Naziherrschaft einzubringen.

Der Entschluss dazu war ihm leichter gefallen, als seine Verwirklichung; denn Saint-Exupéry konnte fast kein Englisch, war aber auch (bis 1942) nicht gewillt, es zu lernen. Er hatte geplant, nur für wenige Wochen in New York zu bleiben. Es wurden achtundzwanzig Monate daraus.

Seine körperlichen Schmerzen und die Einsamkeit während dieser langen Wochen, die er zum Teil im Krankenhaus in Los Angeles verbringen musste, und die Monate in New York waren für ihn fast unerträglich. Aber es waren auch die Monate in denen er sein Märchen schrieb, wohl auch ihm selbst zum Trost. Denn dieses Mal konnte ihm seine Mutter keinen Trost spenden, wie sie es seit seiner Kindheit immer getan hatte. Sogar die brieflichen Kontakte mit Frankreich waren unterbrochen. Ihm blieb als Trost nur die Erinnerung an seine Kindheit, in der Kranksein für ihn und seine Geschwister ein herrliches Glück war, weil sie im Zimmer der Mutter schlafen durften. Wenn die Mutter ihnen Andersens Märchen vorlas oder Geschichten erzählte, war die Krankheit bald durch ihre Liebe geheilt und vergessen.

Freunde und Bekannte, die ihn besuchten, sahen eine Ausgabe von Andersens Märchen auf Antoines Tisch in seinem Krankenzimmer. Ihn erinnerten die Märchen an die Mutter.

Antoine war schon Soldat bei der Armee, als er aus Camp d'Avord seiner Mutter in einem Brief (1922) klagt: *Ich habe heute Abend Heimweh wie ein kleiner Junge,* und er unterschreibt *Dein großer Sohn.* Wie er es in seiner Widmung von seinem Freund Leon Werth sagt, war Antoine selbst immer auch ein kleiner Junge geblieben, der Märchen nicht nur verstehen, sondern sogar schreiben konnte.

Die Erinnerung an seine Kindheit haben ihm im Krankenhaus in Los Angeles geholfen, eine Traumwelt zu schaffen, in der sein letzten Werk entsteht: *Der Kleine Prinz.*

Wenn wir sein Märchen lesen, können wir uns kaum vorstellen, dass der Dichter unsäglich an seiner Einsamkeit in Los Angeles und New York gelitten hat. Es gab jedoch Menschen, die ihm boten, was er zum Leben und Schreiben brauchte. Silvia Hamilton/Reinhardt war solch ein Schutzengel. Sie hat ihm nicht nur ihr Wohnzimmer zum Schreiben überlassen. Sie sorgte für ihn und inspirierte ihn während seiner Arbeit. Da für Saint-Exupéry ein Telefon ein nutzloser Gegenstand war, rief er bei Silvia selten an. *Er erschien unangemeldet und klopfte an die Tür, gewöhnlich Stunden, nachdem Silvia – die aus Furcht, ihn zu verpassen, das Haus nie verließ – alle Hoffnung auf sein Erscheinen schon aufgegeben hatte.* Saint-Exupéry hat einige ihrer liebend mahnenden Worte dem weisen Fenek in den Mund gelegt. Im Märchen möchte der kleine Prinz den Fuchs zu seinem Freund machen, um mit ihm spielen zu können. Als eine Bedingung dafür rät der Fenek ihm, die verabredete Zeit einzuhalten. *Wenn du zum Beispiel um vier Uhr nachmittags kommst, kann ich um drei Uhr anfangen, glücklich zu sein. Je mehr die Zeit vergeht, umso glücklicher werde ich mich fühlen. Um vier Uhr werde ich mich schon aufregen und beunruhigen; ich werde erfahren, wie teuer das Glück (einer Begegnung) ist. (S. 69 f)*

Silvia Reinhardt hat ihn diese Klage wahrscheinlich nicht nur einmal hören lassen. Seit seiner Kindheit kümmerte den Sonnenkönig mit der Stupsnase keine Uhrzeit. Wenn er etwas mitzuteilen hatte, musste er es gleich tun, auch wenn es mitten in der Nacht war. Seine Mutter und seine Geschwister mussten sich zu jeder Tages- und Nachtzeit seine Eingebungen anhören, auch wenn es Mitternacht war. Seine Bekannten und Freunde in New York mussten sich ebenso damit abfinden geweckt zu werden, wenn ihm eine Seite seines Märchens gelungen war, und er sich entschieden hatte, sie ihnen sofort vorzulesen.

Das Märchen, das ihm schon beim Schreiben Trost in seiner Einsamkeit schenkte, hatte ihn jedoch schon viele Jahre vorher beschäftigt.

Die Illustrationen zum Beispiel, die uns der Dichter auf die Seiten des Märchens gemalt hat, erkennen wir schon in Zeichnungen aus seiner Kindheit. Auf Zetteln und Briefen gekritzelt, hatte sie der verkannte Maler in einer Schatzkiste aufbewahrt. Seine Englischlehrerin (A. Breaux) erinnert sich in ihrem Buch (*Saint-Exupéry in America*) daran, dass sich auf seinem Schreibtisch immer Zeichnungen stapelten und der Papierkorb überquoll. Nachdem Saint-Exupéry ihr Bilder des Kleinen Prinzen gezeigt hatte, mit denen er nicht zufrieden war, meinte er: *Es ist ein wenig lächerlich, weil ich gar nichts vom Zeichnen oder Malen verstehe. Was ich davon weiß, geht auf meine Kindheit zurück, und ich kann Ihnen versichern, dass sich damals kein Mensch für mein zeichnerisches Talent interessierte. (P. Webster, S. 287)* Im Märchen erzählt der Pilot diese Episode (des sechsjährigen Antoine) etwas anders, aber der Sinn ist der gleiche.

Dass wir die Zeichnungen Saint-Exupérys dennoch in dem Märchenbuch sehen können, verdanken wir Silvia Hamilton/Reinhard. *Sie schlug ihm vor, die Zeichnungen für das Buch selbst zu malen statt einen professionellen Zeichner wie Bernard Lamotte darum zu bitten, der Flug nach Arras illustriert hatte. Saint-Exupéry dankte für ihren Vorschlag, indem er ihr das Originalmanuskript (des Kleinen Prinzen) schenkte.*

Von Silvia Hamilton/Reinhardt wissen wir auch, dass Saint-Exupéry ihr das Märchen erzählt hat, als sie sich Anfang 1942 zum ersten Mal trafen, noch bevor er irgendetwas davon zu Papier gebracht hatte. (P. Webster; S. 286) Trotz der Sprachbarriere zwischen Antoine und Silvia, die sich wichtige Mitteilungen von Antoine aufschreiben und mit ihrer Antwort von einer engagierten Französischlehrerin übersetzen ließ, verstand ihn Silvia wie sonst niemand.

Dazu ein kleines Beispiel: *Am Ende eines Abends ließ Antoine sich gewöhnlich auf einer Chaiselongue in ihrem Schlafzimmer nieder und las ihr aus seinem noch nicht vollendeten Werk vor, wobei ihm Tränen über das*

Gesicht liefen. Silvia lag schon im Halbschlaf auf dem Boden und verstand kein Wort, beschreibt Stacy Schiff eine Scene ihrer engen Beziehung.

Später verschwand Saint-Exupéry ohne eine Erklärung. Zwei andere Pflichten riefen – seine Frau ... und seine Arbeit - schreibt Stacy Schiff über das Ende der Beziehung zwischen Antoine und Silvia. (S. 540 f)

Auf den letzten Seiten seines Buches (*Wind, Sand und Sterne*) beschreibt Saint-Exupéry ein Erlebnis, das er auf dem Weg nach Polen in einem Schnellzug hatte: *Ich setzte mich einem Paar gegenüber. Zwischen Mann und Frau hatte sich das Kind ein Nestchen gebaut, so gut es ging, und schlief. Einmal wendete es sich im Schlaf, und sein Gesichtchen erschien mir im Licht der Nachtbeleuchtung. Welch liebliches Gesicht! Diesem Paar war eine goldene Frucht geboren: aus den schwerfälligen Lumpen war eine Vollendung von Anmut und Lieblichkeit entsprungen. Ich beugte mich über die glatte Stirn, die feingeschwungenen Lippen und sah: das ist ein Musikerkopf – das ist Mozart als Kind, eine herrliche Verheißung an das Leben! So sind nur die kleinen Prinzen im Märchen. Was könnte aus diesem Kind, wenn es behütet, umhegt, gefördert würde, alles werden! Wenn in einem Garten durch Artenwechsel eine neue Rose entsteht, fasst alle Gärtner größte Aufregung. Man verwahrt die Rose, man tut alles für sie. Aber für die Menschen gibt es keine Gärtner. Das Kind Mozart wird wie alle anderen vom Hammer zerbeult. Vielleicht empfängt es einst seine höchsten Wonnen von einer entarteten Musik in der stickigen Luft eines Nachtcafés.*

Mozart ist zum Tode verurteilt. (dtv Bd. 1; S. 339)

Saint-Exupéry spricht hier schon von einer herrlichen Verheißung an das Leben, beschreibt das Bild eines kleinen Prinzen im Märchen, spricht von einem Garten und einer neuen Rose, für die man alles tut. Alle diese Bilder erscheinen auch in seinem Märchen *Der Kleine Prinz.* Der Dichter hat sie nicht vergessen. Aber für ihn ist Mozart nicht zum Tode verurteilt. Sein Prinz lebt.

Viele andere Bilder und Erzählungen hat Saint-Exupéry seit seiner Kindheit auch nicht vergessen. In seinem letzten Werk hat er einige von ihnen umgedichtet und durch sie der *Menschenwüste* eine herrliche Verheißung an das Leben geschenkt.

Der letzte Satz in dem Buch, das ihn berühmt gemacht hat, fasst zusammen, was er uns als sein Vermächtnis geschenkt hat:

Nur der Geist, wenn er den Lehm behaucht, kann den Menschen erschaffen.

Bibliographie

Die Zitate aus „Der Kleine Prinz" sind der 50. Auflage der Ausgabe des Karl Rauch Verlages entnommen.

Andere zitierte Werke:

Antoine de Saint-Exupéry: Gesammelte Schriften in drei Bänden. dtv, München 1978

Dem Leben einen Sinn geben. dtv, München 1962

Paul Webster: Saint-Exupéry, *Leben und Tod des Kleinen Prinzen.* München 1994

Michael Ende: *Momo oder: Die seltsame Geschichte von den Zeit-Dieben und von dem Kind, das den Menschen die gestohlene Zeit zurückbrachte.* Stuttgart 1973/2002

Consuelo de Saint-Exupéry: *Die Rose des kleinen Prinzen.* Erinnerungen an eine unsterbliche Liebe. München 2002

Alice Miller: *Am Anfang war Erziehung.* Frankfurt/Main 1983

Johanna Spyri *Wo Gritlis Kinder hingekommen sind.* Eine Geschichte für Kinder und auch für solche, welche die Kinder lieb haben. Friedrich A.Perthes; Gotha,1883; Droemersche Verlagsanstalt Th. Knaur München/Zürich 1957.

Stacy Schiff: Saint-Exupéry, eine Biographie. München 1996

Worte zum Nachdenken

die helfen könnten, das Märchen besser zu verstehen.

1) Die meisten Menschen legen ihre Kindheit ab wie einen alten Hut. Sie vergessen sie wie eine Telefonnummer, die nicht mehr gilt. Früher waren sie Kinder, dann wurden sie Erwachsene, aber was sind sie nun? Nur wer erwachsen wird und ein Kind bleibt, ist ein Mensch.
Erich Kästner

2) Kinder sind Rätsel, die den Eltern aufgegeben werden.
Friedrich Hebbel

3) Was man einem Kind beibringt, kann es nicht mehr selber entdecken. Aber nur das, was es selber entdeckt, verbessert seine Fähigkeit, Probleme zu verstehen und zu lösen.
Jean Piaget

4) Das Leben der Eltern ist das Buch, in dem die Kinder lesen.
Aurelius Augustinus

5) Erziehung ist Beispiel und Liebe, sonst nichts.
Friedrich Fröbel

6) Das Herz der Mutter ist das Schulzimmer des Kindes.
Maria Ward

7) Man kann in Kinder nichts hineinprügeln, aber vieles herausstreicheln.
Astrid Lindgren

8) HAIKU 5 ... 7 ... 5
yoku mireba (5 Silben)
nazuna hanasaku (7 Silben)
kakine kana (5 Silben)
Wenn man genau hinschaut, sieht man das nazuna (Hirtentäschl) blühen.

9) Der Geist wird reich durch das, was er empfängt, das Herz durch das, was es gibt.
Victor Hugo

10) Ich verlange von dir, dass du nicht von dem leben sollst, was du empfängst, sondern von dem, was du gibst, denn dadurch allein wirst du wachsen.
Saint-Exupéry

11) Fantasie ist wichtiger als Wissen, denn Wissen ist begrenzt.
Albert Einstein

12) Wer nicht den tiefen Sinn des Lebens im Herzen sucht, der sucht vergebens; kein Geist, und sei er noch so reich, kommt dem edlen Herzen gleich.
Friedrich Martin von Bodenstedt

13) Für den Menschen gibt es nur eine Wahrheit, das ist die, die aus ihm einen Menschen macht.
Saint-Exupéry

14) Es ist leicht zu sterben, wenn es in der Ordnung der Dinge liegt.
Saint-Exupéry

15) Das allein zählt, was du in der Sterbestunde geworden bist.
Saint-Exupéry

16) … diese Hülle, die du siehst, ist auch tot, die wird nachher zurückgelassen. Aber siehst du, darunter, zu allerinnerst ohne dass du es sehen kannst, ist doch etwas lebendig geblieben.
Johanna Spyri

Dank

Meinem jungen Freund Yasunari Kimoto danke
ich herzlich, dass er trotz seiner schweren
Krankheit mir und den Lesern dieses Büchleins ein
wenig von seinem Denken und von der Kultur
seiner irdischen Heimat erzählt hat.

Für ihre Hilfe bei der Korrektur des Textes danke
ich Frau Angelika Berger-Watanabe und Herrn
Heinz Hamm.

Den Umschlag gestaltete Michael Milward,
dem ich für seine Mühe herzlich danke.

Tokyo, Weihnachten 2013

Rudolf Plott

Der Autor Rudolf Plott wurde 1936 im heutigen Tschechien (Iglauer Deutsche Sprachinsel) geboren, nach der Vertreibung wuchs er in Hessen auf. Als Jugendlicher träumte er von einem Leben wie Albert Schweitzer in Afrika; sein Abitur machte er am Albert Schweitzer Gymnasium. Er lebt nun schon seit 50 Jahren in Japan. In Yamaguchi (von 1971 bis 2008) hat er durch Buchveröffentlichungen, im Unterricht und in Vorträgen das Märchen *„Der Kleine Prinz"* besonders jungen Menschen nahegebracht.

Veröffentlichte Bücher auf Japanisch:

„Das Herz des Kleinen Prinzen" –
Dialog mit Yasunari Kimoto (1994, 1997)

„Der Kleine Prinz und die Bibel" (1996,1997, 2000)

„Der Kleine Prinz und ‚Herzensbildung'" (2000)

„Der Kleine Prinz und die ewige Freude" (2002)

„Der Prinz der Sterne" von Rudolf Plott verführt zur Lektüre von Saint-Exupérys Werk ‚Der Kleine Prinz und enthüllt einiges über einen Menschen, der anders als andere gedacht hat.

Weltweit wird *Der Kleine Prinz* gelesen, aber nur wenige Leser bedenken, dass es sich dabei nicht (nur) um ein Märchen, sondern um Saint-Exupérys Vermächtnis an uns handelt. Er will die Menschenwüste, in der sich der Mensch der heutigen Zeit befindet, in eine Oase es Geistes verwandeln.

Dieses Buch versucht zu zeigen, was es wirklich bedeutet, mit dem Herzen zu sehen – auf dem Weg zu dem, was wir alle suchen:

Freundschaft, Liebe und Vertrauen im Leben und über den Tod hinaus.

Zeitfracht Medien GmbH
Ferdinand-Jühlke-Straße 7
99095 Erfurt, Deutschland
produktsicherheit@kolibri360.de